Daniel MEUROIS e Anne GIVAUDAN

I nove scalini

Cronaca di una reincarnazione

Traduzione di Daniela Muggia

Edizioni AMRITA

Riceverete gratuitamente il nostro catalogo ed
i successivi aggiornamenti richiedendolo a:
Edizioni AMRITA - Casella postale 1 - 10094 Giaveno (To)
telefono (011) 9363018 - fax (011) 9363114
e-mail: ciao@amrita-edizioni.com

Seguici su:
www.amrita-edizioni.com
facebook.com/AmritaEdizioni
twitter.com/AmritaEdizioni
youtube.com/AmritaEdizioni
instagram.com/AmritaEdizioni

Titolo originale dell'opera: *Les neuf marches. Histoire de naître et de renaître et de renaître.*
©1999, Editions S.O.I.S., Plazac, Francia.
©2012, Anne Givaudan, Plazac, Francia.
©1991, Per l'Italia: Edizioni AMRITA s.r.l, Torino

Immagine di copertina: © 2019 Agsandrew / www.shutterstock.it

Tutti i diritti riservati. Ogni riproduzione, anche parziale e con qualsiasi mezzo, deve essere preventivamente autorizzata dall'Editore.

AI NOSTRI LETTORI

I libri che pubblichiamo sono il nostro contributo ad un mondo che sta emergendo, basato sulla cooperazione piuttosto che sulla competitività, sull'affermazione dello spirito umano piuttosto che sul dubbio del proprio valore, e sulla certezza che esiste una connessione fra tutti gli individui. Il nostro fine è di toccare quante più vite è possibile con un messaggio di speranza in un mondo migliore.

Dietro a questi libri ci sono ore ed ore di lavoro, di ricerca, di cure: dalla scelta di cosa pubblicare — operata dai comitati di lettura — alla traduzione meticolosa, alle ricerche spesso lunghe e coinvolgenti della redazione.

Desideriamo che i lettori ne siano consapevoli, perché possano assaporare, oltre al contenuto del libro, anche l'amore e la dedizione offerti per la sua realizzazione.

Gli editori

INDICE

Ai nostri lettori III

Post scriptum e prefazione 1
Prologo 3
Cap. 1 - Ottobre 9
Cap. 2 - Novembre 27
Cap. 3 - Dicembre 49
Cap. 4 – Gennaio 67
Cap. 5 – Febbraio 87
Cap. 6 – Marzo 105
Cap. 7 – Aprile 131
Cap. 8 – Maggio 149
Cap. 9 – Giugno 169

POST SCRIPTUM E PREFAZIONE...

Certamente si è parlato spesso della nascita e del mistero dell'incarnazione, sul quale, d'altronde, sono stati scritti innumerevoli volumi: il nostro scopo, quindi, non è di aggiungere un altro libro per dare il nostro contributo ad una summa già impressionante di informazioni sia psicologiche, che religiose e biologiche.

Questo lavoro è solo il resoconto di un'esperienza che, come minimo, possiamo definire insolita... Un'esperienza che non abbiamo voluto, ma che ci si è offerta spontaneamente e che abbiamo scrupolosamente annotato, giorno dopo giorno.

Fino ad oggi, la nostra facoltà naturale di uscire volontariamente dal corpo fisico ci aveva condotti ad esplorare i "mondi del dopo-vita" ed altri universi ancora più sottili, ma non ci era ancora mai accaduto di intraprendere il viaggio "inverso", ovvero dai mondi di Luce verso la Terra.

Spieghiamoci: per essere chiari ci è stato chiesto espressamente di seguire passo dopo passo l'itinerario di un essere che si incarna.

Che accade, infatti, all'anima che si appresta a prendere un corpo di carne ed ossa e che si appropria del ventre di una madre? Attraverso quali fasi evolutive passa? Come si modifica la sua psiche? Accade al feto qualcosa d'invisibile all'occhio fisico?

Tutti questi interrogativi sono stati affrontati nel corso dei nove mesi necessari per scrivere questo libro.

Sia subito chiaro che non abbiamo scelto noi l'anima che

si incarna e che è, ovviamente, il perno di questo lavoro: si è presentata da sola, in qualche modo "guidata" da una Volontà luminosa. Può anche darsi che non ci accada mai di incontrarla sul piano fisico.

Non si tratta di un essere eccezionale destinato a lasciare un'impronta nella storia, perché allora il gioco sarebbe stato sfalsato: non si tratta neppure di un'anima ancora invischiata in tutte le trappole della materialità... Si tratta, per riprendere le sue stesse parole, di una goccia fra le migliaia di altre che hanno capito che "la vera forza ed il seme di ogni verità risiedono nel cuore". Il suo scopo è il Servizio.

Le informazioni che ci ha fornito durante tutta la gravidanza di sua madre, la sua stessa metamorfosi e quella dell'embrione e poi del feto nel quale ha imparato ad abitare, non sono dunque gli insegnamenti di un Maestro di Saggezza; hanno però un altro valore, che definiremo "umano" nel senso più nobile e più ricco del termine, ed è per questo che è stata un'esperienza toccante, sia in qualità di testimoni, sia, talvolta, in qualità di attori della sua avventura.

Sì, è davvero un'avventura, nascere o rinascere in coscienza sulla Terra.

Questo libro, pur trattando ovviamente un certo numero di argomenti metafisici, fra i quali la reincarnazione, non è, come già avrete intuito, né un trattato di esoterismo né un racconto sull'onda della moda del New Age.

È semplicemente un reportage, senza alcunché di artificioso, tutto vibrante di una certa luce che conduce al rispetto della Vita e a riflettere sull'occasione che essa ci offre; questa luce è quanto abbiamo tentato di raccogliere e di ritrasmettere il più fedelmente possibile.

Se le pagine che seguiranno riusciranno a far sbocciare un po' più d'amore, di tenerezza e di gioia sulla superficie del pianeta, allora non saranno state scritte invano.

Daniel Meurois e Anne Givaudan

PROLOGO

Subito ci siamo tuffati nell'immensità del suo sguardo... Impossibile fare altrimenti, davanti a quegli occhi un po' sbalorditi in cui sembrano convivere armoniosamente la gioia e la nostalgia, occhi color mandorla, lo sguardo di una donna giovanissima, brunissima, esitante come un funambolo che si arrischia a fare il primo passo sul vuoto.

«Mi hanno parlato di voi...» sussurra.

Poi, più sicura: «Che strano, non avrei mai immaginato che potesse accadere così! Quando mi hanno detto che sarei ritornata sulla Terra, e che quindi sarebbe stato meglio che lavorassi con una coppia durante i nove mesi della mia gestazione, ho creduto che fosse uno scherzo. E invece no, affatto, dicevano sul serio... e adesso vi vedo, siete qui...».

La giovane donna ora tace, mentre fra di noi cala un silenzio lieve, quasi un'altra forma di comunicazione in cui ci si dicono molte più cose.

Soltanto ora vediamo ciò che accade e dove siamo.

Da quando la nostra coscienza ha lasciato il corpo[1], solo pochi istanti fa, tutto è stato così in rapido! Una volta oltrepassato il tunnel di luce, quella specie di camera di compensazione al di là di noi e contemporaneamente dentro di noi, ci siamo ritrovati qui, in questa grande stanza candida che sa di primavera: i muri, la luce, ci danno

---

1 Vedere i principi dell'uscita dal corpo in *Racconti d'un viaggiatore astrale* e *Terra di Smeraldo*, degli stessi autori, editi dalla nostra casa editrice.

l'impressione di essere in una bolla o in qualcosa di sospeso tra due mondi. Eppure, qui tutto è perfettamente concreto ed i pochi passi che abbozziamo per penetrare la quiete di questo luogo risuonano sul pavimento di pietra. Per la verità, non sappiamo bene cosa dire, e neppure la giovane donna.

«Eh, sì — dice uno di noi... — vedi, facevano sul serio!»

Ancora una volta i nostri sguardi si incrociano, ma ora non si lasceranno più; sguardi strani come un sorriso spontaneo ed incontrollabile, del quale non ci si può liberare. Qualcosa è successo dentro ognuno di noi, una specie di molla magica è scattata, e d'un tratto ci si sente bene insieme, senza sapere perché; allora, eccoci a ridere tutti e tre, come vecchi complici che si sono fatti una battuta comprensibile per loro soltanto...

Ecco, ora sappiamo che il ponte c'è, che il lavoro potrà compiersi. In cosa consiste? Dobbiamo confessare che è una cosa piuttosto pazza, se non altro a priori: si tratta di seguire questa giovane donna, o meglio quest'anima, passo dopo passo, mese dopo mese, comunicando con lei durante i nove mesi in cui la sua futura madre, da qualche parte sulla Terra, le preparerà un corpo. Si tratta di seguire questo essere, come un filo conduttore durante tutto il processo della sua incarnazione. Ma si può davvero definire "lavoro"? È piuttosto una collaborazione, una condivisione, che fin d'ora vorremmo fosse una fonte d'amore, una fonte di giusta ispirazione per coloro che si apprestano a dare la vita.

"Condivisione" è sicuramente il termine più appropriato: non c'è dubbio che questa donna l'abbia percepito in noi, questa donna che ora ci viene incontro e che abbracciamo.

«D'accordo... — dice — è chiarissimo! Lo faremo insieme, fintantoché vorrete, se non altro per il piacere di farlo e per dire in modo più appropriato che cos'è la Vita!»

E come potremmo esitare anche solo un secondo? Davanti al nostro accordo entusiasta, ora ci attira verso un altro punto della stanza che sembra ormai allungarsi all'infinito, trasformandosi in una specie di corridoio.

«È la mia anima che crea questa scenografia — dice

sottovoce. — Siete in una bolla della mia anima e del mio pensiero; è una delle cose che mi hanno insegnato a fare, ed è proprio così che si creano molte delle manifestazioni su questo piano.»

«Cos'è che ti hanno insegnato a fare?»

«Sì... guardate, sono stati loro... e poi anche altri. Volevo che li vedeste, perché so che poi capirete meglio.»

Dalla quieta luce del corridoio bianco emergono le figure di due esseri, un uomo e una donna che si direbbero una coppia di amici: la loro presenza, d'un tratto, ci sembra naturale e ovvia, come se fossero sempre stati qui e conoscessero il nostro progetto a menadito.

Ma sui loro volti non si legge la conoscenza insondabile delle creature angeliche che l'immaginazione popolare ama modellare... Sono qui, invece, ben concreti, assolutamente umani, eppure con quella sorta di eterna giovinezza, con quella luce interiore che sa generare soltanto l'universo dell'anima.

«Ecco, loro sono un po' la mia famiglia...»

Queste parole si sono insinuate in noi con una forza allegra, spumeggianti come una coppa di champagne offerta con gioia in un giorno di festa.

«Sono le mie guide — riprende la voce della nostra nuova amica. — Insomma, li chiamo così perché mi hanno insegnato che sulla Terra si usa spesso questa parola, ma per me, qui, sono soprattutto amici, o se vogliamo i miei insegnanti! Nel profondo del cuore, dacché sono giunta fra loro, è stato come se li conoscessi da tanto tempo... Posso dire che mi hanno aiutato a imparare ogni cosa di questo mondo, o che, perlomeno, hanno agito in modo che io mi ricordi di ogni cosa.»

«Sono loro che ti hanno detto che dovevi ritornare sulla Terra?» chiediamo contemporaneamente, mentre i due esseri si avvicinano.

«Sì... ma lo sentivo da me. C'è un qualcosa, qualcosa che mi spinge a fare ritorno... È strano, è contemporaneamente come una forza che mi attira in modo incredibile, ma anche un timore e un senso del dovere: è qualcosa che non si può aggirare... così ho detto "sì, d'accordo...", ed è allora che i miei amici mi hanno consigliata.»

Una risatina piena di calore e di discrezione ci fa volgere il capo verso la coppia, che è ora a soli tre passi da noi e sembra voler partecipare alla conversazione. Ma la giovane donna riprende, contemporaneamente più volubile e più commossa:

«Sapete, mi ricordo del momento in cui ho sentito che, prima o poi, avrei dovuto ridiscendere. È stato davvero un colpo e sono rimasta a lungo a sognare ad occhi aperti... probabilmente, un po' come un bambino che per la prima volta si trova davanti alla morte.»

«Non sapevi nulla della reincarnazione?»

«Oh, no... ma qui mi sono ben resa conto che non era una chimera; non ho mai ricevuto un'educazione in questo senso, ma ho assistito a così tanti arrivi, a così tante partenze... ho dovuto arrendermi all'evidenza! E poi, c'è una tale logica in tutto questo... ma vedete, questa nozione era annidata da qualche parte nel mio intelletto, nella mente, come una verità che valeva soltanto per gli altri.

Quanto alla morte, succede esattamente la stessa cosa, vero? Ebbene, allora sappiate che ho un po' l'impressione di stare per morire... mi sembra che sia venuto il mio turno; dovrò lasciare la mia quiete interiore, e soprattutto questi miei amici.»

«Ma sembravi così contenta, un attimo fa...»

«Sì, lo sono! Ci sono strane cose che si sono risvegliate in me... vaghi ricordi, desideri di cui ignoravo totalmente l'esistenza... Sono loro, ora, che mi spingono a ridiscendere, e sento che la mia volontà non può più opporsi perché in me c'è qualcosa di simile ad una coppa non ancora riempita.»

«A meno che tu non l'abbia versata!» Uno dei due che si erano avvicinati si è lasciato sfuggire queste parole, con tono divertito.

«Rebecca, Rebecca, — continua — bisognerà soprattutto che tu accetti di discutere i particolari di tutto questo, bisognerà che ti ricordi fino in fondo la promessa che ci hai fatto.»

Rebecca, il cui nome udiamo per la prima volta, ci guarda allora con infinita tenerezza ma con uno sguardo anche molto risoluto.

«Non preoccupatevi di nulla, la manterrò, la mia promessa... non perché è una promessa, ma perché qui ho davvero capito, infine, che la Terra ha più che mai bisogno d'amore e che gli uomini hanno più che mai bisogno di capire!

È più che ora che laggiù sappiano cos'è la Vita, da dove viene, dove va... perché l'amino un po' di più, anche solo un pochino! È per questo che accetto di mettere a nudo la mia anima: voglio che questi nove mesi, durante i quali abiterò il ventre di una madre, siano come una mano tesa fra la Luce e... e un'altra sorta di Luce. Voglio che siano un insegnamento, ma un insegnamento senza maestro, senza dogma, senza la minima manifestazione di rigidità: qualcosa di dolce e forte, in cui basterà guardare e ascoltare dal profondo di se stessi per cogliere l'essenziale.»

«Sì, pensiamo di capire, Rebecca, — mormora uno di noi. — Bisogna offrire agli uomini e alle donne un semplice diario di bordo del tuo ritorno, il film della luce di questo ritorno, con tutte le sue gioie e forse anche con i dubbi tradotti in parole; e saranno parole tue, lontano dalle filosofie, dal linguaggio esoterico, ed anche dalla volontà di dimostrare qualcosa... Non abbiamo nulla da difendere, è vero, giacché tutto questo non ci appartiene!»

Intorno a noi tutti, sembra ora che la luce si sia fatta più bianca, più abbagliante, come se la gioia di lavorare insieme e la speranza che ne nasce ravvivassero diversamente quel luogo dell'anima... E dentro, sappiamo che è proprio così: la luce del cuore è così contagiosa da abitare totalmente le nostre dimore, anche quelle di un giorno o di un istante.

«Non chiamatemi più Rebecca, — dice d'un tratto la giovane donna, passandosi lentamente la mani sul volto. — Cercate di capire... non sono già più Rebecca... non devo più esserlo. Sono... non so chi... ma voglio che sia qualcuno di positivo, di ancora migliore; non voglio reincarnarmi ma rinascere... Capite la differenza?» Sì, capiamo questa differenza, avremmo voglia di rispondere con un sorriso: sì la capiamo, e sentiamo che la tua anima ha accettato questo progetto perché è colma di tenerezza, di entusiasmo, come tutti coloro che vogliono ricostruire qualcosa...

Ed è a costoro, ai veri innamorati, ai veri genitori della Vita, non soltanto nel corpo, ma anche nella Coscienza, che questo libro è dedicato.

CAPITOLO 1

Ottobre

«Ma dove sei? Ci senti?»
Questi interrogativi ci sfuggono involontariamente dalla coscienza, con la speranza che raggiungano, come un'onda, la riva che li attende.

Solo pochi istanti fa abbiamo abbandonato il guscio dei nostri corpi, e l'unica nostra bussola ora è la fiducia: eppure siamo qui, guardiani notturni in questo mondo dell'anima ove i pensieri prendono forma e ove incredibili vascelli prendono il largo.

Pochi minuti fa abbiamo dimenticato i nostri corpi, ed ora tentiamo lentamente di visualizzare l'immagine di colei che fu un tempo Rebecca, affinché venga a prendere posto in noi.

I tratti del volto, come addormentati, ci raggiungono in successione e si imprimono sul nostro schermo interiore: ecco, il mosaico ha ritrovato l'unità ed ora che il suo quieto contorno ha preso posto in noi, tutto può accadere.

Allora una forza ci attira indietro irresistibilmente, in un silenzio totale: ci assorbe nel cavo di un'immensa solitudine vivente, ed abbiamo la sensazione di essere proiettati da qualche parte, sopra alle onde spumeggianti di un oceano, al di là delle pianure, delle città dai neon luminescenti, al di là delle distese desertiche...

Tutto ci sfila davanti rapido come un lampo, poi, d'un tratto, tutto si ferma, come se l'anima avesse fatto una magica frenata, l'anima che sa da sempre che è lì che deve recarsi, e in nessun altro luogo.

Ci troviamo in una città, una grande città... Lo sguardo dell'anima ora sembra fluttuare a pochi metri del suolo, e si lascia invadere dall'incessante via vai delle enormi automobili e dalla luce abbagliante delle vetrine. Dentro di noi si fa strada una certezza: ci troviamo sul continente nordamericano. Eppure, qua e là, qualche palma sperduta fra gruppi di altri alberi ci dispensa come una boccata d'aria pura ed un raggio di sole in mezzo a quella confusione.

Qui, siamo soltanto uno sguardo che osserva e si lascia guidare dalla scacchiera delle strade larghe, tracciate a regola d'arte. Intanto, sull'asfalto dei marciapiedi, sfila una folla brulicante ed eterogenea che ignora completamente la nostra presenza: trascorriamo così pochi istanti, che ci sono maestri di non-volontà e di fiducioso abbandono.

Poi, d'un tratto, in mezzo alla gente variopinta, il nostro sguardo ed il cuore vengono attratti da due donne che scendono tranquillamente la gradinata di un ricco palazzo: immediatamente sappiamo che sono madre e figlia, e che stanno godendosi un momento di pace.

Le luci che emanano dai loro corpi spiccano fra quelle degli altri passanti, e non possiamo ingannarci; vi leggiamo anche la gioia, e mille interrogativi che sorgono come bollicine di sapone, pronte a scoppiare.

«È mia madre... sì, la più giovane, naturalmente!»

Una voce allegra ci è scoppiata dentro, vicinissima a noi; automaticamente ci volgiamo, attraversati dalla sensazione confusa di essere stati sorpresi nel bel mezzo di un film: c'è come il brusio di una presenza, qualche fuggevole scintilla azzurra crepitante, poi più nulla... tranne la certezza assoluta che *lei* è qui, che le nostre anime si sono quasi raggiunte, e che fra poco si guarderanno faccia a faccia.

«Rebecca?»

Di nuovo ci sentiamo come tirati indietro, poi proiettati in avanti, verso l'alto, in un turbine di luce fresca e lattescente;

non c'è più nessun palazzo dai riflessi vitrei, e le carrozzerie dai barbagli cromati sono svanite. A poca distanza da noi, quasi come se fosse uno con noi, appare ora il volto di colei che stavamo cercando, un po' diafano sotto la folta capigliatura bruna.

Dove siamo? Da nessuna parte, in verità, oppure nell'oceano della Vita... in un luogo dell'anima, uno di quei luoghi transitori che l'anima elabora appena entra in metamorfosi.

Ecco, ci diciamo, siamo entrati nel *suo* mondo, quello che ha creato *lei*, come un ologramma proiettato dalla sua coscienza, un mondo che vive sospeso fra due universi, fra due lunghezze d'onda.

Cerchiamo di capire meglio ciò che avviene: già sappiamo che siamo come immagini coscienti di sé, che abbiano lasciato il canale di una trasmissione televisiva, quella della Terra, senza per questo entrare completamente in un altro canale, quello delle anime disincarnate. Questa constatazione ci fa sorridere... speriamo almeno di non essere interferenze!

«Sì, siete ancora nell'universo — mormorano le labbra della nostra amica, il cui volto ora ha ripreso una dimensione normale e non occupa più tutto il nostro campo visivo. Il mio universo... è quella piccola sfera di quiete e di vita che ogni anima si costruisce quando torna da voi, sulla Terra; è la camera di compensazione che aiuta a fare il gran passo. Per me, è un po' come un bozzolo, vedete.»

«Ne comprendiamo bene la ragione... ma che cosa succede esattamente?» pensa uno di noi, anche se un po' imbarazzato dall'affrontare il discorso senza tanti preamboli.

«Non dovete scusarvi — risponde Rebecca con molta spontaneità. — Siamo qui proprio per lavorare insieme... e poi, probabilmente, la vostra presenza mi sarà di aiuto proprio come la mia vi fornirà dei dati. Sono felice... ma per me, si tratta di una prova.»

In verità, il luogo in cui ci troviamo in questo stesso

istante ci fa pensare ad una sala d'attesa, asettica, spoglia, come se ne trovano in molte cliniche; eppure è la stessa che abbiamo visto per la prima volta l'altro giorno... Oggi, però, è fredda: qualcosa ci dice che c'è una specie di corrente d'aria nell'anima della nostra amica.

«Che sciocca che sono — dice Rebecca per scusarsi del turbamento che evidentemente l'invade... — È vero, sento un senso di freddo al cuore... quindi il mio soffio, in questa stanza, naturalmente... sapete, state camminando fra gli atomi creati, per così dire, dal mio pensiero, assemblati dalla mia immaginazione, e trattenuti dalla mia volontà: allora, ecco, non posso nascondervi ciò che sto provando.

Avete accettato di viaggiare con me, nella mia casa... bisognerà che corriate il rischio!»

L'allegria della nostra amica ha ripreso il sopravvento, ed immediatamente la luce immacolata di quel luogo ci parla diversamente di colei che l'ha creato; su un muro si è disegnata spontaneamente una finestra con i battenti spalancati, attraverso la quale si scorgono forme di alberi fioriti, come usciti da uno splendido quadro impressionista.

«Anche voi, sulla Terra, fate come me o come noi, qui: non ve ne rendete conto, ma vivete nei vostri pensieri, li abitate come una casa, e nel contempo i vostri pensieri vi abitano. Ci ho messo parecchio a capirlo, ma ora è qualcosa che porto impresso in me, e mi sono ripromessa di mantenere questo ricordo vivo nella mia memoria, quando ridiscenderò!»

«Vuoi dire che, quando pensiamo, produciamo delle *specie di atomi* che creano davvero una scenografia, e che la qualità di questa scenografia origina la qualità della nostra vita...»

«Sì, è proprio così... Insomma, ho detto una "*specie di atomi*" per farvi capire che si tratta di qualcosa di molto concreto. I miei amici, o le mie guide, se preferite, a volte mi parlano di elementi vitali o di "semi" vitali, come cellule indipendenti, oppure come mattoni con i quali ognuno costruisce il proprio universo nei minimi dettagli. Così, sulla

Terra, quando mi è stato permesso, ho visto che molti di voi si costruiscono delle scenografie dell'anima stranamente strette, limitate, piuttosto complesse ed oscure.

Sapete che è in quelle scenografie che vi proiettate quando sognate?»

«Ma, dicci, non sembra il tuo mondo, questa stanza nuda in cui ci troviamo: era poi così necessario che ti modellassi questa "sala di transito" per tornartene da noi?»

Rebecca si siede per terra, pensierosa. Per la prima volta notiamo i suoi abiti: a dire il vero, non hanno niente di speciale... una gonna lunga d'un rosso un po' scuro ed una camicia con le maniche larghe che scompare sotto il busto in una larghissima cintura allacciata.

«No, non era necessario che fosse così-dice-e continua a non essere necessario, ma voglio chiudere con il passato: voglio liberarmi delle mie vecchie abitudini. Non bisogna che perda tempo... ho visto che c'erano così tante cose da fare... In generale, quando uno si confeziona una "bollicina" come questa, per ritornare, ci inserisce automaticamente i punti di riferimento del cuore...»

«I punti di riferimento?»

«Sì, non so... per esempio una musica, o un fazzoletto di terra... Ho persino visto qualcuno, qui, per cui il punto di riferimento era un calderone di rame: gli piaceva lucidarlo, e diceva che in quell'azione trovava il suo equilibrio. Questo serve per i primi tempi, ma poi sembra che tutte queste cose se ne vadano da sé, come se un vento venuto dalla Terra le spazzasse via dalla memoria. Io, ho detto subito ai miei amici che non volevo fare così, sento che devo fare piazza pulita. Voglio ritornare laggiù completamente nuova, vedete, perché so che ciò che ora porto con me resterà poi impresso in ciò che vivrò... come in filigrana.

Quando mi hanno proposto di fare questo lavoro con voi, mi sono affrettata ad imparare con i miei amici un sacco di concetti e di parole che prima, per me, non esistevano. Qui, purtroppo, molti non si preoccupano di ciò che dovranno fare quando riprenderanno un corpo fisico: anche le anime, talvolta, amano le loro comodità e non è perché sono passate "dall'altra parte", come dite voi, che si sbarazzano delle loro vecchie e pigre abitudini.

Ecco perché non voglio più sentir parlare di Rebecca, anche se costei non fu infelice sulla Terra, anche se conobbe la gioia qui, dopo, con tutti i suoi amici! Ho un po' paura delle abitudini, confesso, perché ho visto a che punto potevano cristallizzare la coscienza di certi miei compagni, nei paesi, nei mondi in cui vivono ora.»

«Parli di paesi... sulla Terra?»

«Oh, no! Qui... Insomma, là dove ero prima, ma è pur sempre ancora un po' la Terra! Sapete, laggiù, ad un dato momento, si comprende che esistono anche paesi per le anime, e che nulla ci impedisce di passare la frontiera tranne la nostra mancanza di amore, la nostra mancanza di volontà di scoprire la Vita. Ma ora aiutatemi a tornare... Tutto questo è finito.»

«Puoi dirci, allora, come hai saputo che dovevi tornartene tra noi?»

Il volto della nostra amica d'un tratto si rischiara, come ad un piacevole ricordo: la cosa ci lascia sorpresi... È dunque un evento così gioioso, l'indossare nuovamente una tunica di carne ed ossa?

«Non so molto dell'itinerario che dovrò seguire... o almeno non abbastanza perché esso mi dia gioia ora. Cerco piuttosto già di immaginarlo con le promesse che ho fatto a me stessa: qualche volta mi dico che farò questo o quest'altro, ma non è questo che mi fa sorridere, bensì il ricordo dell'ondata di pace che mi ha invasa quando mi è stato chiesto chiaramente di ritornare. Lassù, ero in un mondo in cui c'erano soltanto frutteti, e mi ero fatta una casa con il tetto di paglia, come quella che un tempo avevo in Europa. Era magnifico: vi ho imparato così tante cose! E poi, ad un certo momento, non molto tempo fa, ho incominciato ad avere sempre più voglia di dormire: era una sensazione che avevo dimenticato da così tanto tempo... Ma soltanto quando mi sono addormentata davvero ho capito che qualcosa stava cambiando nella mia anima. Allora, simultaneamente, il mio essere è stato di nuovo invaso dalla nozione del trascorrere del tempo: anche questa era del tutto scomparsa dal mio universo... Non c'erano più stati né giorni né notti, là dove avevo deciso di vivere, ed ecco che d'un tratto mi ritornava quel peso sulle palpebre... prima il bisogno di fare un sonnellino, poi quello di fare un lungo sonno.

Dopo un lungo sonno mi sono svegliata, ed avevo in mente immagini molto vive... come quelle che si lascia dietro un sogno penetrante. Ero abitata da volti, soprattutto volti, e poi scene di un mondo trepidante di cui non capivo nulla... e così pesante!

I miei amici mi hanno detto che ero stata attratta da anime che mi erano vicine e di cui avevo dimenticato l'esistenza, un po' come se io fossi stata la limatura di ferro e loro una calamita.

Mentre dicevano questo non scherzavano affatto, vedete! Dopo quell'esperienza, mi hanno insegnato che quando un'anima, per mille ragioni, si stanca del proprio universo, nel suo corpo aumenta di densità una materia che loro chiamano "spirito di ferro", e questo rende più pesante lo stato di veglia, più difficile mantenere chiara la coscienza. Con questo volevo dirvi che c'è davvero una biologia del corpo dell'anima: questo corpo non è una specie di vapore, come spesso credete sulla Terra!»

Rebecca continua a parlarci dei suoi sogni, del languore che ha sommerso la sua anima, e sembra non accorgersi che la scenografia è cambiata: quanto tempo c'è voluto, d'altronde, perché ce ne accorgessimo anche noi?

Non sapremmo rispondere: possiamo soltanto arrenderci all'evidenza, perché la grande sala candida si è disfatta, progressivamente corrosa da qualcosa di più piccolo, in un ambiente più dorato; è una casa formata da un'unica stanza, con grossi mobili massicci, dalle forme rustiche e semplici;

uno dei muri è quasi interamente occupato da un camino: in esso crepita gioioso un fuoco che riflette le luci danzanti delle fiamme sulle spesse tende di velluto. Dappertutto vi sono delle candele, ma non è da esse che viene la luce: è come una vibrazione nell'aria. Si direbbe che sia la luce che, da sola, tessa tutto lo scenario.

«Tra l'altro, è qui che ho vissuto da quando ho lasciato la Terra — commenta improvvisamente la nostra amica cambiando tono. — Oh, potete spostarvi, vedrete, non è mica di cartapesta! Perlomeno non più di tutto ciò che esiste intorno a voi "vivi"! Gli uomini di laggiù fabbricano anch'essi mentalmente la loro scenografia ed il loro universo, e sono tutti complici nel limitarlo a certe caratteristiche soltanto. Qui, il pensiero può farsi più elastico, più potente, più libero, e questa è l'unica differenza...

Vedete quella panca a ridosso della finestra? Ebbene, è qui che ho vissuto quel mio primo sonno di cui vi parlavo poco fa. Quando ritornai in me, accanto c'erano i miei amici. Qui uno stato letargico equivale ad un appello, ed è il segno che un'anima ha bisogno di cambiare, e forse le serve aiuto.

Da allora, ogni volta che riemergevo dai miei torpori, riportavo a galla dalla coscienza profonda una serie di volti, e al risveglio mi veniva chiesto immancabilmente se ciò che emanava da quei volti mi piaceva. Ho detto subito di sì, con convinzione, o meglio l'ho pensato, perché chi mi rivolgeva quella domanda era, credo, una forza nata nella mia stessa mente.

Un giorno, nel frutteto accanto alla casa, i miei amici hanno aperto un bellissimo tunnel di luce e mi ci hanno condotta; so che può sembrare stupido detto così, ma non è più stupido che il far apparire delle immagini sugli schermi piatti che chiamate televisioni. Ora, ho compreso che nulla era impossibile perché la materia e la Vita che la anima sono modellabili e perfettibili all'infinito. Ho anche capito che si può penetrare nella luce stessa e fare così delle incursioni su altre frequenze in cui si manifesta la Vita. È così, dunque, che ho seguito le mie guide nel tunnel luminoso.

Dall'altra parte mi hanno mostrato una luce gialla e, non appena l'ho vista, mi sono trovata immersa in essa, ma anche in un paesaggio che mi era del tutto ignoto: sapevo soltanto che si trattava di una camera d'albergo e che la luce era simile a quella del mattino... una debole luce azzurra, soleggiata, attraverso le tende scostate.

C'erano un uomo ed una donna, entrambi giovani; lui era ancora sdraiato e lei si era appena seduta sull'orlo del letto. Ero sorpresa dall'incredibile folla di piccole scintille rosa, nonché dalle luci violette che turbinavano intorno a loro: era il segno che il loro era vero amore... Allora, è stato solo a quel punto che... Come dirvelo? È stato solo in quel momento che ho potuto contemplare liberamente il loro volto... e questo mi ha dato uno choc così dolce... così inesplicabile... Avevo voglia di dir loro "Sì, è proprio così, sì, siete voi!" Riconoscevo i loro volti, vedete: erano i volti dei miei sogni, quelli a cui avevo già risposto di sì, senza sapere bene chi fossero. Sono certa che qualcosa di più profondo già mi univa a loro prima di quell'incontro.

I miei amici non hanno voluto dirmi nulla in proposito; comunque, sanno ciò che fanno, e sicuramente va bene così.

Mi hanno soltanto segnalato qualcosa che devo dire anche a voi, perché riguarda tutti gli uomini e tutte le donne che si amano, nonché coloro che ancora non sanno di amarsi.

Mi hanno detto: "Rebecca, quando una coppia si ama, quando l'amore fisico li induce a concepire un bambino, l'uomo e la donna generalmente non sanno che la loro alleanza fisica si è già conclusa fuori dal corpo... molto prima del loro atto."

"Come sarebbe a dire?" ho chiesto.

"È molto semplice: sai che durante il sonno le anime abbandonano il corpo e si incontrano nei luoghi che esse stesse si costruiscono: qui danno libero corso alle loro speranze, ai desideri, ed anche ai timori... Ebbene, per quanto riguarda il concepimento di un bambino, accade la stessa cosa. L'atto della procreazione ha sempre luogo nel corpo dell'anima circa tre mesi di tempo terrestre prima dell'atto fisico; anche se l'incontro non ha ancora avuto luogo, le anime già sanno di che si tratta..."»

La nostra amica, che è rimasta seduta per terra, ora ha alzato lo sguardo verso di noi, come per suggerirci di sederci accanto a lei. Poi aggiunge:

«Se volete, andremo a trovarli insieme, i miei genitori.»

Tutto accade allora come se volesse spezzare lo slancio emotivo che a poco a poco l'ha inghiottita:

«Devo confessare che per me è stato uno shock — riprende. — Ma, in fondo, non so molto di loro. Forse, è il fatto di sapere che saremo legati che mi ha fatto venire un nodo in gola: vorrei rimanere indipendente! Insomma, per me, sono pur sempre degli estranei che si amano! D'altronde, vado da loro ancora molto raramente: sono contenta di andare a trovarli, ma a volte mi chiedo se sono mossa da un sentimento autentico, oppure, piuttosto, dalla curiosità...»

«Rebecca... non sappiamo come altro chiamarti... dicci se tutto questo è successo tanto tempo fa.»

«Oh no... non sono trascorse più di tre settimane di tempo terrestre! Quando li ho visti in quella camera ho saputo subito che erano in vacanza: ho voluto seguirli per un po' e restare nella loro radianza, perché si stava così bene... e poi anche perché mi interessava tutto ciò che guardavano, ma non sono riuscita a resistere a lungo: ad un certo momento ho sentito come un dolore, una specie di nausea, ed allora una forza mi ha tirata indietro... fin qui.»

«Forse avevi l'impressione d'essere indiscreta!»

«No, non ho mai avuto quest'impressione. Penso d'altronde che tutti quelli che ritornano non provino questa sensazione rispetto alla Terra... perlomeno, coloro che appartengono al mondo in cui ho vissuto. Sapete, ci siamo dissetati ad una tale fonte di pace, che per lungo tempo abbiamo condiviso l'intima, direi quasi viscerale, convinzione di essere tutti Uno. È qualcosa difficile da spiegare: prende l'aspetto di una certezza che si imprime, qui, fin nel corpo. Tra i miei compagni di questa vita che mi appresto a lasciare, alcuni non hanno mai avuto interessi di natura spirituale: semplicemente, è stata la qualità profonda del loro cuore che ha fatto vivere loro e sperimentare questa verità; è quella stessa qualità che li ha uniti, molto più di quanto pensassero all'arrivo.

No, vi ripeto, non ho mai sentito imbarazzo penetrando nell'intimità dei miei genitori: sapete, ora ci vado spesso, quasi tutti i giorni, anche se deve durare poco a causa di quel dolore. Ciò che mi incuriosisce e mi diverte, è soprattutto quell'incredibile danza intorno al ventre di mia madre!»

«Una danza?»

«Vorreste venire con me? I miei amici mi hanno detto che sarà possibile, se resterete presenti nel mio cuore; è una, semplice faccenda di affinità, senza bisogno di formule o di conoscenze speciali... Ma lo sapete quanto me. Un'altra storia d'amore, insomma!»

Abbiamo preso per mano Rebecca, un piccolo contatto istintivo per sigillare definitivamente un'amicizia e la condivisione del nuovo itinerario di un'anima.

Si sta bene, nella luce dell'anima di Rebecca: è molto semplice, senza falsi colori, senza calore fittizio. Parla in modo sincero, come una canna che è diventata il più vivo ed il più puro degli strumenti musicali. Bisognerà imparare a lasciarsi guidare da lei, e forse, talvolta, anche proteggerla dalla sua stessa fragilità.

La casetta dai mobili imponenti e dalle tende spesse insensibilmente si è fusa nel cuore di una spirale di luce; a dire il vero ci stiamo bene, e cominciamo a camminare tutti e tre: che strano corridoio, fatto di una materia ancora così densa! Più che mai si precisa in noi la sensazione di camminare in una camera di compensazione: tutto si compie quasi fuori dalla nostra volontà, in un silenzio totale, e ci sembra persino che un pensiero, una sola domanda, potrebbe compromettere la bellezza di quel momento.

Qui, tra due mondi, l'universo non chiede altro che di abbandonare anche le minime resistenze: qui la vita raggiunge la vita, il lato "testa" ed il lato "croce" sono prossimi all'unificazione.

Poi, d'un tratto, c'è come uno scoppio: sotto di noi, intorno a noi, più nulla, null'altro che la luce e le nostre anime... Una sensazione di freddo penetrante, ma brevissima...

Nello spazio di una vertigine, intorno a noi si costruisce tutta la scenografia. Involontariamente la contempliamo dapprima dall'alto di pochi metri. Si tratta di una casa o di un appartamento che percorriamo con gli occhi, liberi di frugare in tutti gli angoli: istintivamente abbiamo voglia di percepirne l'atmosfera.

«E Rebecca?» pensiamo d'un tratto.

È scomparsa dalla nostra visuale non appena siamo entrati in questo luogo... proprio come se non fosse arrivata esattamente a destinazione. Qualcosa ci dice che dobbiamo lasciar scivolare i corpi astrali lungo il corridoio con la tappezzeria azzurra, poi attraversare un salotto con un ingombrante canapé di velluto... Ecco... troviamo una camera, in cui non osiamo quasi entrare, come se si trattasse di un santuario.

Sul letto è sdraiata una giovane donna con i pantaloni di tela, e sembra sonnecchiare davanti ad un televisore che funziona in sordina. C'è anche Rebecca, in atteggiamento quasi raccolto. Siamo come tre coscienze sospese in un angolo della stanza, penetrate dalla sensazione di vivere qualcosa di contemporaneamente misterioso, semplice e bello.

«Guardate — mormora la nostra amica — è sempre così...»

Nella quieta danza delle luci colorate emesse dal corpo della giovane, la nostra attenzione è attratta come da una specie di scia di vapore più concentrato intorno al suo ventre; al centro di questo flusso volteggia una moltitudine di scintille violacee. Impossibile dire se queste manifestazioni

luminose provengano dal corpo, o se invece sia il corpo
che le attira estraendole da uno stato della materia; a dire
il vero, sembra piuttosto che ci sia uno scambio sottile tra
l'organismo della giovane donna e la natura eterica del luogo.
Sentiamo che dobbiamo generare in noi un po' più di pace
per osservare con maggior precisione, con maggior amore...

Ora, vediamo bene che non vi è nulla di arbitrario, nulla
di casuale nella danza apparentemente sconcertante delle
scintille violette: ognuna di esse, dapprima, sembra sorgere
dal suolo, o perlomeno da una corrente orizzontale che
percorre il pavimento e che, in prossimità del corpo della
donna, raggiunge una maggiore densità; stranamente, per
qualche misteriosa selezione che ci sfugge, alcune di queste
scintille vengono catturate in fretta nella periferia del bacino,
mentre altre, più numerose, vengono respinte e scompaiono.
Ci viene in mente un microscopico mosaico costruito dalla
natura stessa.

«Guardate ancora — mormora di nuovo Rebecca, la
cui emozione è evidente. — Guardate, le scintille violette
entrano anch'esse nel corpo, come se questo le aspirasse
velocemente appena cominciano a volteggiargli un po'
intorno. È così che esse costruiscono il feto in cui un giorno
entrerò. Per me è ancora un estraneo, ma il mio cuore non
può fare a meno di pulsare ad un ritmo diverso ogni volta
che vedo tutto questo. I miei amici mi hanno spiegato che
è la forma di vita presente nella Terra, in quanto elemento,
a generare tutte queste scintille e questi vapori, ed è per
questo che si spostano orizzontalmente; sono come semi
nati dall'energia tellurica. Così, vedete, le emanazioni dei
semi minerali di questo pianeta preparano il terreno intorno
al quale crescerà il feto, modellano lo stampo sottile (che voi
chiamate eterico) in cui la carne potrà apparire. Sapete, ci
sono altri elementi della natura, come l'Acqua o il Fuoco, per
esempio, che stanno operando in questo stesso momento; ma
al nostro livello si tratta di qualcosa di appena abbozzato, di
talmente sottile, che non riusciamo ancora a percepirlo. Se

non altro, questo è quanto mi hanno detto di dirvi.»

«Vorremmo sapere... non ti costa fatica parlarci di tutto questo, giacché è il tuo corpo futuro, quello che si sta costruendo?»

«Non è molto facile, ma ho promesso che l'avrei fatto. Sapete, tra qualche mese non so come reagirò, ma per ora sono ancora così estranea a questo corpo... Vi sono penetrata due volte soltanto, e così rapidamente!»

«Puoi parlarcene?»

«Non soltanto posso, ma devo! È accaduto poco tempo fa, contemporaneamente, mi hanno detto, al primo battito cardiaco del mio futuro corpo, ossia verso il ventunesimo giorno dall'atto fisico di procreazione. Quando è accaduto io non ne sapevo nulla, ma corrispondeva ad un appello fortissimo rivolto a mia madre, qualcosa di irragionevole e di difficile da vivere: era un bisogno imperioso di "scendere", d'essere in sua presenza... Fino a quel momento mi ero accontentata di rimanere all'interno della radianza del suo corpo o, se preferite, nella sua aura: non osavo fare un altro passo, e d'altronde non sapevo come si sarebbero evolute le cose.

Ora comprendo che un'anima che vive tutto questo in modo cosciente deve sforzarsi di sentire, di ascoltare il proprio cuore ed i propri slanci, e che nessuna guida le fornirà una ricetta di comportamento. È qui che comincia l'amore, quando si sa intuitivamente che il momento di fusione si avvicina, che quel momento ci chiama.

Quanto a me, sono entrata nel ventre di mia madre di colpo: come spiegarvi?... Ero già accanto a lei... c'era una tale luce gialla che si irradiava da lei, e la percepivo preoccupata... e poi, in un lampo, mi sono ritrovata in lei, come risucchiata. Mi ha fatto un po' male, ho sentito come un peso sul petto ed una forte nausea ma, soprattutto, per un attimo ho creduto di soffocare, mi sono sentita immensa, completamente dilatata in qualcosa di minuscolo. Allora, stupidamente, ho cominciato ad aver freddo... Eppure capivo chiaramente che tutte quelle sensazioni erano solo il frutto della mia coscienza mentale... me lo avevano detto e ridetto! Oggi, parlandovi di quella prova, mi pare di ricordare che soprattutto soffrii per il rumore, e che fu questo a spingermi velocissimamente fuori dal ventre di mia madre.

Il suo respiro e gli strani battiti del suo cuore mi procuravano la sensazione di un chiasso doloroso e difficilmente sopportabile, ma ora so che mi ci abituerò, perché quel rumore comincia a farmi pensare alla risacca delle onde su una spiaggia: insomma, sono già i rumori dell'"altra riva"!»

«Già sapevamo, e tu ce lo confermi, che l'energia sottile nata dalla Terra stessa interviene in primo luogo nella costruzione dello stampo eterico in cui crescerà fisicamente il feto; ma hai imparato qualcosa di più sui semi minerali di cui ci hai parlato?»

«Sì, la corrente tellurica, che serve ad elaborare lo stampo eterico e poi il futuro corpo fisico, distribuisce ad entrambi l'essenza dei minerali principali che si trovano sulla Terra e che corrispondono ai pianeti del sistema solare; in questo momento, benché il mio feto assorba il principio di tutti i metalli, mi è stato detto che interviene soprattutto l'energia dell'oro, dunque del sole.

Ma per quello che mi riguarda non sento alcun effetto, sapete.»

«Rebecca, intendi dire che se questo feto che si sta appena formando ora dovesse morire fisicamente tu non proveresti nessun senso di fastidio, nessun dolore?»

«Oh, no — risponde subito con un sobbalzo la nostra amica... — oh no, non dite così! Ho una madre, è lei che mi ha chiamata! E poi, non so... dacché sono entrata nel suo ventre, è come se si fosse costituita definitivamente un'alleanza: ho cominciato ad abitare lì e se dovessi non ritornarci più, credo che ne proverei un violento dolore fisico, in tutti i casi. Ci ho già pensato, ed al solo pensiero ho sentito un grande bruciore nei pressi della milza.

Mi ricordo che tutte queste cose mi sono state insegnate dai miei amici, ma devo dire che erano lettera morta... Ora, però, so che da quando comincia a battere il cuore del feto si genera un attaccamento viscerale fra l'anima di colui che viene e sua madre. Qualcuno forse troverà che è stupido, ma la natura profonda dei minerali è analoga a quella di un'anima che tesse i propri legami e che ne trasmette altri. E poi, ora che c'è un cuore che batte in quel ventre... anche se mi è ancora estraneo, anche se è indipendente dalla mia volontà, è proprio come se mi avessero affidato una chiave che non devo perdere.»

Nel dire queste parole, Rebecca si è avvicinata ancora di più al letto in cui riposa la giovane donna, spostandosi con il movimento inafferrabile della fiamma di una candela.

«Sono soli pochi giorni che lo sa — dice con aria divertita. — È stato proprio poco prima che conoscessi voi due...»

Ormai le due aure si sono unite, e Rebecca è così vicina alla sua futura madre da sembrare già assorbita dentro di lei.

Nel volgere di pochi istanti, abbiamo visto le emanazioni luminose della sua anima modificarsi insensibilmente fino a diventare trasparenti; poi si sono sfumate, ed ora si colorano in una gamma azzurrina: è bellissimo, forse ancora più bello e ancora più spontaneo di molte delle meditazioni che un'anima in cerca di pace tenta faticosamente di far fiorire in sé.

Per noi, in questo momento, non si tratta di una madre con sua figlia che fanno i primi passi l'una verso l'altra, ma piuttosto di due coscienze adulte che si ricordano lentamente della loro promessa reciproca, due anime che ritrovano un amore senza artifici, un amore rimasto in attesa, in fondo al loro cuore.

E mentre il calore che emana dal loro cuore ci invade, tutta l'atmosfera della camera cambia: ogni cosa, ogni essere sembra come sotto l'incantesimo di una specie di melodia appena percepibile, una sonorità così profonda...

Probabilmente la nostra presenza è ormai superflua, perché Rebecca è sfuggita al nostro sguardo. Il corpo della sua anima è scomparso, si è fluidificato a contatto di quello della giovane donna che ormai dorme in un sonno profondo, si è adattato ad un altro spazio, su un'altra lunghezza d'onda della vita, ove saremmo degli intrusi.

In noi, rimane soltanto lo spettacolo di una camera un po' banale ma calda, da qualche parte, nell'Ovest; rimane soltanto una figura sdraiata su un letto, aureolata di azzurro, che comincia a sussurrare il suo segreto.

CAPITOLO 2

Novembre

«Ebbene, è fatta... questa volta ci siamo davvero incontrate! È successo la settimana scorsa, o almeno mi sembra.»

Davanti a noi c'è Rebecca, seduta con il mento sulle ginocchia, sul pavimento della sua sfera di luce bianca; chiunque, nel vederla, avrebbe difficoltà a trovare qualcosa di tangibile intorno a lei: c'è soltanto una luce autosufficiente, uno stato di disponibilità in cui tutte le potenzialità possono essere considerate serenamente.

«Oh, non pensiate che ci sia il vuoto – sembra dirci Rebecca dal profondo dei suoi grandi occhi che non ci lasciano neppure per un istante... — Si tratta piuttosto di qualcosa di simile alla pienezza.» Contempliamo in silenzio la nostra amica: sono ormai più di quindici giorni che non abbiamo avuto contatti con lei, quindici giorni che d'un tratto si sono contratti nella nostra coscienza fino a cancellare i dettagli della nostra vita quotidiana. È possibile che ci siano così tanti tempi?

Come tutti coloro che sono ancora sull'altro versante della vita, Rebecca si mostra dotata di quella penetrante comprensione propria del linguaggio telepatico; con la sua solita vivacità, non può fare a meno di rispondere prima ancora che formuliamo la nostra domanda.

«Anch'io sapete, ho una strana percezione del trascorrere del tempo; da quando ci conosciamo, soprattutto, cerco di recuperare il senso del ritmo del giorno e della notte. Bisogna che mi ci abitui più in fretta di quanto mi richieda il mio corpo laggiù... altrimenti ci saranno molte informazioni che non sarò in grado di comunicarvi. La difficoltà sta nel fatto che, qui, il corpo della mia anima ha un suo ritmo biologico, che non ha nulla a che fare con quello a cui va abituandosi il mio corpo fisico. Quando sono arrivata in questo mondo, il tempo, la luce e tutto ciò che mi stava intorno, viveva al ritmo delle mie emozioni, delle mie voglie e anche al ritmo delle più piccole gioie che volevo gustare. Poi, in un certo senso sono diventata più saggia, avendo scoperto una forza stabile in fondo al cuore: è a questo punto che la natura e gli esseri con cui vivevo hanno assunto un carattere di fissità e di equilibrio, direttamente proporzionale al mio amore per loro, ed è a questo punto che tutto ha cominciato a diventare davvero meraviglioso, e che ho perso la nozione del tempo terrestre, giacché non vedevo più né limiti né vincoli nella nuova vita in cui ero entrata.

Anche qui, nella mia bollicina tra due mondi in cui cerco di stare il più possibile, sono sempre nel ritmo della luce senza interruzione, ritmo sul quale il mio cuore può esprimersi liberamente. Vedete, non sto parlando per immagini, perché a tratti ne vedo ancora le correnti vitali di un verde tenerissimo, che vanno a colorare tutto ciò che mi circonda; l'unica differenza, è che ora ho una specie di orologio istintivo, quasi viscerale, che fa regolarmente irruzione in me: ho la sensazione che sia proprio questo orologio ad attirarmi verso la Terra. So anche che tutto questo avviene mediante la milza, che appare in nuce nell'embrione ancor prima che si abbozzi il cuore, e che mi trasmette a poco a poco il ritmo solare così come viene percepito sulla Terra...

Ma è di mia madre che volevo parlare... Parlarvi di mio padre sarebbe più difficile, non è ancora venuto a trovarmi. Comunque, quello che volevo dirvi è che lei ed io ci siamo davvero incontrate.»

«Che cosa è successo, dunque? Come è riuscita ad arrivare a te?»

Rebecca cambia tono: sembra dotata di un'energia nuova, mentre si tira indietro i capelli in un gesto ormai familiare, come per riunirli con la mano in un'unica coda.

«Oh — dice — non l'ha fatto di sua volontà! È successo naturalmente mentre dormiva. I miei amici, qui, mi hanno detto che non aveva nessuna nozione del viaggio che deve compiere un'anima per ritornare sulla Terra, sicché tutto è avvenuto inconsciamente per lei.»

«Vuoi dire che non si ricorda di averti incontrata?»

«Questo ancora non lo so. Volevo soltanto spiegarvi che non ha proiettato il suo corpo di luce fin qui servendosi della propria volontà: semplicemente, il suo corpo di luce è scivolato fino a questa piccola bolla di pace durante il sonno... sicché le nostre anime hanno potuto cominciare a scambiarsi un po' d'amore. Null'altro... perché non siamo riuscite a dirci granché!»

«Ma, sei stata tu a chiamarla?»

Rebecca sorride, e leggiamo un'ombra maliziosa nel suo sguardo divertito.

«Sì, lo confesso, è andata così! Ma non c'è niente di male... Penso che agiamo tutti così quando ridiscendiamo: c'è un po' di curiosità, naturalmente, nel voler affrettare quel primo contatto, ma, soprattutto, anzi ne sono sicura, c'è una volontà di amare e di farsi amare! La volontà di essere accettati in fretta, in frettissima... La maggior parte di coloro che ho conosciuto in questa vita, quella che segue la cosiddetta morte, mi hanno detto di aver sofferto perché non si sentivano abbastanza amati sulla Terra; anch'io del resto ho sempre quel timore: c'è in me ed in tutti noi, pare, una specie di antica ferita che non si è mai del tutto cicatrizzata.»

«Forse bisogna cominciare col dare amore, se si vuole ricevere più amore.»

«Ne sono cosciente, ma ho così tanta voglia di vivere meglio questa vita di come ho vissuto la precedente, una tal voglia di trovarmici meglio, che temo di dimenticarmene: la mia paura è probabilmente quella di chiedere troppo e di non riuscire a dare abbastanza...

Ad ogni modo, vedete, mia madre ha sentito il mio appello e se mi ha raggiunta è perché in lei non c'erano barriere, né tensioni, né rifiuto della situazione.

Sicuramente si tratta, inizialmente, di ciò che chiamereste un "richiamo telepatico" che le ho lanciato mentre dormiva, ma la cosa non si ferma qui, perché un'emissione di pensiero siffatta genera una specie di corrente elettromagnetica che crea di per sé una via di accesso, un filo di Arianna facile da seguire per chi recepisce l'appello.

Temevo un po' quel momento, ma in definitiva è stato semplicissimo: ci siamo trovate una di fronte all'altra, lei era un po' intontita ed io invece avevo le capacità sensoriali come decuplicate... Non mi sembrava che quella donna dovesse diventare mia madre, ma che fosse piuttosto una sorella od un'amica, non so!»

«Hai avuto la sensazione di conoscerla già, come se l'avessi già incontrata, prima di allora?»

«A dire il vero non so: più ci penso, più la sento di nuovo come una sorella. Se abbiamo avuto una storia in comune, dev'essere una faccenda molto antica; e comunque non ha importanza. Credo di aver capito che non dobbiamo cercare ad ogni costo di svelare tutti i nostri segreti: talvolta l'oblio è una barriera di sicurezza straordinaria, no?»

Rebecca è ora in piedi accanto a noi, come alimentata da un'energia speciale, per il solo fatto di averci parlato di queste cose. Nel mondo in cui ci troviamo ora, il pensiero e le emozioni parlano da sé: potremmo quasi dire che chiacchierano, perché le loro più piccole manifestazioni diventano percepibili quanto il gioco del sole e delle nuvole in cielo. Generate dalla coscienza della nostra amica, appaiono forme molto precise accanto al suo volto, e se ne allontanano per poi disperdersi nell'infinito, come se si devitalizzassero lentamente. Ecco i contorni del grande armadio di una camera, quelli di una porta ornata d'un grosso numero di rame, e poi i tratti quieti della sua futura madre. Ed in mezzo a tutto questo, fluttuano luminosità d'un caratteristico color blu-verdastro, simili a brume che non vogliono dissiparsi: è l'oceano interiore di Rebecca che cerca di aggiungere qualcosa mormorando sommessamente un timore.

Rebecca, allora, ci guarda... Sa che sappiamo, e non può fare a meno di sorridere.

«Visto che siamo complici — dice — tanto vale esserlo fino in fondo! Sì, a volte ho un po' paura quando i tratti del suo volto prendono vita in me: non so chi sia, ma più ci penso più sono comunque certa che siamo intensamente legate. È la natura di questo legame che a volte mi tormenta un po'... più di quanto sia riuscita a confessare prima. È solo un po' d'ansia... che strano, è una sensazione che avevo dimenticato.

Vedete, se la percepisco, è perché c'è qualcosa che si muove nel mio corpo, laggiù dentro mia madre... Mi hanno detto che con i sette minerali che costruiscono la base del mio corpo, il Fuoco (che li caratterizza tutti) prende posto immediatamente per formare ciò che chiamate i *chakra*. Se non fossero lì fin dall'origine, sembra, nulla potrebbe accadere; poi, il loro lavoro insieme a quello, altrettanto sottile, degli elementi come l'Acqua e la Terra, consente lo sviluppo delle diramazioni.»

«Per diramazioni intendi i *nadi*, vero, la rete vascolare eterica? Sono loro che, con la loro direzione, con i loro intrichi, disegneranno precisamente la forma del corpo e faranno dell'embrione un vero feto.»

«Sì, è questo che mi hanno insegnato, ma non conosco ancora bene questo vocabolario; volevo soprattutto trasmettervi la mia comprensione di una verità che ora mi sembra così importante... Il cielo e la terra sono interamente contenuti alla base del nostro corpo, nonché all'origine della nostra anima. Non sono soltanto simboli che si possono manipolare in filosofia o per dare a noi stessi l'impressione di aver capito tutto; si tratta soprattutto di elementi che un giorno diventeranno tangibili per tutti, come veri e propri mattoni, ognuno con la sua particolarità, e con i quali l'Universo ci costruisce.»

«Quando dici Universo, Rebecca, è forse il tuo modo di parlare di Dio?»

«Sì, se vogliamo. Preferisco parlarne in questo modo, vedete; l'ultima volta che sono nata ed ho vissuto sulla Terra, non avevamo la possibilità di scegliere le parole, non potevamo scegliere né di riflettere sul loro significato, né di pensare in altri termini. Allora, qui, con i miei amici, ho deciso di mandare in pezzi tutto questo, perché la mia anima si sentiva soffocare: fingeva di vivere, ma, in realtà, mordeva il freno. Molti di coloro che ritornano come me, ora hanno compreso e vogliono mandare a gambe all'aria definitivamente le strutture arcaiche. Naturalmente, credo in Dio! E come potrebbe essere altrimenti?

Quando vedo tutta questa Luce, tutta questa armonia in cui ho vissuto qui, quando vedo come tutto si ordina e quale incredibile Forza organizza anche il più piccolo dettaglio, dovrei essere davvero in malafede per negarne l'esistenza! Non vorrei scatenare un bisticcio di parole, ma penso che alcuni termini siano vecchi, e che sia stato fatto loro troppo male: ecco perché non dico più Dio, ma Universo, perché l'Universo per me è una Coscienza che anima e abita tutto, che non si incollerisce per un nonnulla: una Coscienza che ama... non saprei dirvi di più!

I miei futuri genitori credono in Dio, questo lo so; ho anche capito che avrò con loro qualche difficoltà in proposito: hanno fatto parte per un certo tempo di una specie di Chiesa piuttosto chiusa, che deve aver lasciato in loro qualche traccia; bisognerà che li aiuti a rifletterci molto presto... Me lo sono ripromesso!»

La nostra amica scoppia a ridere, come se il fatto di essersi lasciata sfuggire quelle parole risvegliasse in lei un antico ardore combattivo, rispetto al quale tuttavia vorrebbe rimanere solo spettatrice.

«Questo sì che lo voglio — riprende subito con maggior

dolcezza. — Fa parte del mio lavoro, l'ho giurato a me stessa... Prima di tutto bisogna che prepari la mia casa in questa vita!»

«Rebecca, allora hai delle indicazioni su ciò che ti aspetta... Come le hai ottenute? Sappiamo che nei mondi dell'anima esistono certi luoghi... è forse in uno di essi che sei stata informata?»

«Sì e non molto tempo fa: ce ne sono un po' dappertutto, sono come grandi case in cui ci si può riposare quando c'è "qualcosa" di stanco in noi, come vi ho già spiegato. Nessuno è obbligato ad andarci, ma talvolta l'invito è pressante, ed è quanto mi è accaduto una volta. I miei amici mi hanno condotta in una specie di sala in cui percepivo davvero la... Coscienza Divina intorno a me; era una sensazione fortissima e molto potente, inesprimibile, la sensazione di essere *Una* con tutto, persino con la poltrona su cui mi ero lasciata cadere, persino con i muri. Ad un dato momento, d'altronde, sono stata così presa da quella sensazione che sembrava che il cuore mi si aprisse nel mezzo e mi è parso di entrare nella materia stessa di un muro. Allora hanno cominciato a sfilarmi davanti delle scene, a meno che non fossero dentro di me: erano brevi e mi pare non ci fosse una logica apparente nel loro susseguirsi. Non saprei come descriverle, è qualcosa di difficile da esprimere. Posso dirvi soltanto che vedevo e vivevo situazioni in cui bisognava dar prova di molta volontà e fiducia... cieca, talvolta. E sempre, per tutto il tempo, mi chiedevo "Sei d'accordo? Sei proprio d'accordo?" Sapevo di poter dire di no fino ad un certo punto; ma che allora sarebbe stato come fuggire da me stessa. Ho visto colui che avrebbe potuto diventare mio padre, ho visto che lavorava in qualcosa di molto tecnico, in stanze pulitissime, con un sacco di fili e di pulsanti. Ho visto che anche per lui la mia venuta poteva rappresentare una prova, nel senso che avrebbe avuto difficoltà ad esercitare su di me l'autorità di cui avrei avuto bisogno per essere più stabile... Quella sarebbe stata la sua prova... ma anche la mia, perché non sarebbe stato facile farglielo capire... né fargli capire che avrei tentato ad ogni costo di mostrargli la vita da un altro punto di vista.

Tutte queste visioni erano così nette, come se quel futuro in preparazione... o che mi veniva proposto... fosse già accaduto in un punto del tempo o dello spazio! Come se dovessi aggiungere solo il coraggio di ricostruirlo in me, forse per andare ancora oltre, per perfezionarlo!

Tutto ciò che ho visto in seguito, è stato mentre dormivo, in casa mia: sapete, in verità non siamo obbligati a transitare da quei luoghi nei quali gli schemi di vita ci vengono proposti, ma sono utili soprattutto quando bisogna sbloccare o accelerare un processo di presa di coscienza, ed anche di scelta.

Qui ho incontrato talvolta degli esseri così belli, che irradiavano una tale pace... Uno di loro insegnava che i mondi dell'anima dovrebbero un giorno liberarsi di queste "cliniche del futuro" che, secondo la sua opinione, sono solo supporti della coscienza; bisognerebbe perdere l'abitudine di servirsene, per trovare se stessi più facilmente. Le anime, come i corpi, diceva, si costruiscono delle tecniche fintantoché non hanno trovato la loro perfetta maturità, ovvero la loro essenza ed il loro destino.

Resta il fatto che non ho provato né gioia né piacere contemplando le visioni di un possibile futuro; non mi sentivo quasi neppure coinvolta, come se una forza superiore dentro di me sapesse esattamente che ciò che la vita mi avrebbe riservato era pur sempre e soltanto una maschera, e che avrei dovuto vedere subito al di là di essa!

Mi rendo conto ora che la gioia, da quando sono in fase di ritorno, è stata proprio in quel primo incontro, qui, con mia madre; eppure le dissi soltanto "Sai chi sono?" e lei mi rispose, con aria stupita e un po' assente: "Certo che lo so! Avevo solo paura di essere in ritardo..." Mi chiedo se sia riuscita a portare con sé il ricordo di quella conversazione, e sotto che forma... Infatti credo che la gravidanza sia ancora troppo poco avanzata per ricordarsi qualcosa, e mi pare di intuire che non abbia ancora ben capito ciò che è successo.»

«D'ora in poi, supponiamo, tenterai di stabilire contatti sempre più frequenti e simili a quello che è già avvenuto; sai già come potranno realizzarsi? Non è difficile prevedere che ci sarà un'evoluzione.»

«Mi hanno solo fatto capire che dovrei andare più spesso da lei, piuttosto che farla venire qui: d'altronde, qui è in "nessun luogo", o se vogliamo è una specie di cassetto nella mia coscienza in cui mi sono rifugiata, tessendo il mio bozzolo. Attirare mia madre qui troppo spesso equivarrebbe a imprimere in lei, a poco a poco, sentimenti che non le appartengono e ricordi con cui non ha alcun legame. No, cercherò piuttosto di stare sempre più spesso nel raggio di ciò che chiamate la sua "coscienza mentale", nell'ambito preciso della sua aura. Sarà un sistema più graduale e più giusto di fare conoscenza. Cercherò di entrare nei suoi sogni, appena il suo corpo di luce uscirà dal corpo fisico.»

Rebecca solleva il volto all'improvviso, assume un atteggiamento diverso: esprime una fiducia, una quiete ed una gioia che vediamo in lei per la prima volta.

«Scusatemi!» dicono dolcemente i suoi occhi.

Dietro alla nostra amica, di fronte a noi, stanno due esseri quieti, una coppia che, da sola, esprime istantaneamente le qualità del silenzio. Non sapremmo descriverli, forse perché il loro aspetto apparente non ha nulla di speciale; solo lo sguardo cattura la nostra attenzione, perché trasmette quella fiammella impenetrabile, insondabile, che però, a modo suo, la dice lunga; la fiammella di coloro che hanno camminato molto ed hanno compreso l'Essenziale. Nessun'altra forza, se non quella dell'amore, ha potuto forgiar loro le spalle in quel modo. Questa verità è così evidente!

Dunque, li riconosciamo: sono le guide di Rebecca.

Dietro di loro, però, è come se si fosse alzato un velo: tutto è aureolato di una luce azzurra e ci troviamo al centro di un frutteto in fiore, seduti su un'erba invitante, d'un verde così tenero... Tutto è talmente puro che per un attimo temiamo che anche un solo gesto possa incrinare qualcosa.

Dopo tutto, siamo solo di passaggio in questa contrada dell'anima che ci ha aperto le porte, e la nostra natura è ancora così diversa dalla sua... Eppure, che c'è di più immutabile della luce che si fa materia?

«Vai troppo in fretta, Rebecca — dice uno dei due mettendole una mano sulla spalla. — Eravamo tentati di dirtelo, l'altra volta, quando eri già con loro, ma eri così assorta che la tua coscienza involontariamente ci ha respinti. Vuoi allontanarti troppo in fretta da questo mondo al quale ancora appartieni... Vuoi fare piazza pulita così rapidamente che fai violenza alla tua stessa anima. Perché cerchi questa nudità intorno a te? Non devi ancora proiettarti verso la Terra facendo tabula rasa di tutto quanto hai vissuto. Lascia anche alla Terra il tempo di venire a te: sei la somma di tutte le tue vite passate, vedi, e questo luogo fa ancora parte di te; non puoi cancellarne il colore ed il fascino così impulsivamente come stai facendo.»

Rebecca sorride ed al sorriso si aggiunge un sospiro rumoroso, come fanno i bambini quando ricevono una ramanzina.

«Lo so, lo so — dice appoggiando la fronte sulla spalla di chi ancora la tiene abbracciata. — Lo so... a dire il vero, malgrado la gioia, mi fa un po' paura ritornare sulla Terra... Allora vorrei che il tutto si concludesse in fretta.»

«Scusate l'irruzione — dice uno dei due rivolgendosi a noi. — Siamo solo esseri umani e un giorno dovremo anche noi riprendere la via della materia densa, ma per ora dobbiamo condurre in porto il compito di guidare Rebecca... E poi siamo così contenti che assistiate a tutto questo... Così Rebecca vi sarà meno estranea ed i suoi errori vi insegneranno qualcosa sugli itinerari dell'anima...

Vedete, il frutteto che appare intorno a noi è sempre quello di Rebecca, è il posto in cui amava passare il tempo fra una incarnazione e l'altra sulla Terra; ha un po' di difficoltà ad accettare il fatto che se se ne va di qui in modo troppo radicale metterà in moto sistematicamente un processo di reincarnazione anch'esso troppo rapido: quando si passa troppo bruscamente da un tipo di esistenza ad un altro, raramente l'anima ha la capacità di assimilare il senso e la portata del suo mutamento; possono nascerne tensioni ed un acclimatamento difficile nel mondo in cui si reca.

Ciò che è valido per una brusca morte fisica lo è anche nell'altro senso... L'ideale sarebbe di prendersi tutto il tempo necessario per aprire la porta e poi richiudersela alle spalle, sapendo però che ne conserviamo la chiave!

È una questione di elasticità dell'anima, di fragilità del suo equilibrio davanti ad una luce di qualità tanto diversa...

È anche questione di onde mentali, soprattutto nel caso di una nascita sulla Terra. Se Rebecca, in fondo al cuore, desidera reincarnarsi tanto rapidamente, inconsciamente la sua forza fisica genererà un influsso che raggiungerà automaticamente il feto in formazione per lei; questi flussi di forza, vedete, accelerano la rotazione dell'energia universale, il *prana*, nei *nadi* di questo feto, sicché non ci sarà da stupirsi se, di conseguenza, esso vorrà acquisire biologicamente una più rapida autonomia, per così dire. L'abbondanza di un certo tipo di *prana* e le informazioni sottili che vanno a nutrire artificialmente alcuni suoi organi come la milza ed il timo in via di formazione, faranno sì che l'anima metta radici nel feto prima del tempo, ed è così che nascono i prematuri... prima che tutti i minerali e le forze planetarie abbiano avuto il tempo di perfezionare la loro opera. Naturalmente ci possono anche essere ragioni eccezionali per le nascite premature, ma questa è la spiegazione per il caso generale.

Quanto a Rebecca, non deve seguire questa strada perché da un lato potrebbe imprimere nel corpo futuro la tendenza ad essere regolarmente carente di certi metalli e, dall'altro, radicherebbe nel suo inconscio un bisogno quasi patologico di far tutto in fretta, il che farebbe di lei una persona perpetuamente impaziente.»

«Sì, lo so — riprende la nostra amica volgendosi verso di noi — so che dovrò sviluppare l'atteggiamento inverso... come la maggior parte di coloro che prenderanno un corpo negli anni a venire. Qui, vedete, siamo stati nutriti di volontà d'amore congiunta ad una solida volontà d'azione: dovremmo sviluppare una forza possente nel nostro lavoro ed una grande tenacia, nello sforzo di costruire le speranze e di imprimere quelle immagini che abbiamo coltivato nel cuore e di cui l'umanità ha bisogno.

Molti di noi, molte anime che devono incessantemente ritornare sulla Terra, si sono spesso incontrate non lontano da qui, ed ancora si incontrano: ne hanno abbastanza della Terra che hanno conosciuto un tempo, e che certi uomini continuano a voler lasciar loro in eredità, con la stessa pesantezza, le stesse esitazioni e soprattutto gli stessi limiti. Faccio parte di un'ondata di esseri che vogliono agire in fretta e bene, senza compromessi: non ho scelto io di essere così, né credo che sia dovuto al caso se oggi, per effetto della Forza Divina, comprendo che è tempo di tornare.»

«Allora, che la tua fretta eccessiva si trasformi in una qualità, Rebecca.»

Tutti restiamo in silenzio... Forse per assimilare la trasmutazione che quelle parole comportano, o forse perché il cuore possa dissetarsi ancor di più a contatto con quel luogo.

Un vento leggerissimo, lievemente profumato, una luce tenue e viva, alberi traboccanti di fiori e le pietre del muretto a secco su cui siedono le guide di Rebecca: ecco il luogo in cui viviamo pienamente questi istanti. Se già non sapessimo la risposta, certamente staremmo a chiederci perché mai uno dovrebbe desiderare di lasciare quella pace... Ma si può forse dare un nome alla forza che attira verso l'ostacolo, e che spinge il fabbro a forgiare il ferro?

Rebecca si diverte al nostro monologo interiore:

«Personalmente non le dò alcun nome; voglio solo ritrovare me stessa, e ciò che di me vive in tutto il Creato. Mi sento soffocare in questo mondo di quiete perché la quiete non è più in me, perché penso di essermi riposata abbastanza e ho paura di dimenticare lo Scopo!»

Ci spingiamo maliziosamente più a fondo nel cuore della nostra amica, con la speranza di sentirle dire ciò che anche noi proviamo...

«Ma lo scopo della vita non è forse la felicità, Rebecca? Nessuno la consegue, qui?»

«E come faccio ad essere perfettamente felice, se una parte di me stessa erra ancora nella materia densa? Questa parte si chiama "gli altri". Come posso esser felice ora, se la materia stessa, che mi ha aiutata ad esser ciò che sono, conserva la sua pesantezza?... No, bisogna che questo mondo e l'altro, gli altri... si compenetrino ancora di più e diventino *Uno*, bisogna che ci sia una sola Vita che circola senza "alto" né "basso". E bisognerà ritornare, fino a quando ci saranno ancora delle "morti", finché queste "morti" non saranno diventate "nascite". Non cerco questo stato in modo tormentoso, anzi, è la determinazione a guidarmi; e credo sia per questo che mi è stata aperta la porta del ritorno.»

Mentre Rebecca scandisce con forza le sue parole, intuiamo che è sempre più lontana da questi luoghi; sentiamo che la sua anima si ripiega su se stessa, non per cercare riparo, ma per ritrovare il suo centro, per meglio irradiare e distribuire ciò che le sgorga dal cuore.

Il suo corpo di luce è diventato quasi trasparente perché la struttura vibratoria della sua coscienza astrale è direttamente modificata; per un attimo Rebecca ci fa pensare ad un blocchetto di sale che si scioglie se messo in acqua, e poi ecco che scompare alla nostra vista, lasciandoci soli con i suoi amici.

«Non ha una buona padronanza del suo stato emotivo — ci dice uno di essi quasi a giustificarla. — Ci sono così tante cose di cui solo ora prende coscienza, ed è un fatto piuttosto normale, sapete: quando un'anima torna in un corpo di carne ed ossa, tende a passare in ricognizione tutto ciò che ha imparato e vive questo processo in modo molto intenso. È una legge di questo mondo che favorisce probabilmente l'imprimersi delle grandi verità assimilate nella memoria profonda, onde possano ripercuotersi anche durante l'incarnazione.»

D'un tratto il nostro interlocutore cambia tono, ed aggiunge sottovoce:

«Scusate se le mie parole vi possono parere oscure, o quanto meno un po' impersonali; anche noi siamo semplici esseri umani che hanno accettato di dare una mano a quelli più giovani. A dire il vero, ci è difficile parlare con voi perché non vi percepiamo chiaramente: Anche se potete ammirare questo frutteto e camminarci, tuttavia non fate corpo con esso: per Rebecca è diverso, perché ora è molto più vicina a voi; la densificazione di ciò che chiamate "il suo corpo astrale" si compie progressivamente e naturalmente a vari livelli, e la sua coscienza fluttua su due stati, il che si ripercuote immancabilmente sulla struttura delle sue molecole. Quanto a me, nel corso della mia ultima esistenza terrena ero un sacerdote... Quando sono arrivato in questo mondo, ho vissuto una specie di esplosione, e il mio cuore è stato colmato di una pace che non avrei mai creduto possibile. Immediatamente, allora, ho voluto diventare utile per qualcosa... Sulla Terra avevo sviluppato una tale amarezza! Allora delle Presenze di Luce (davvero non saprei dirvi di più... erano talmente cristiche...) mi hanno subito affidato questo lavoro per continuare a guidare le anime... ma in modo così libero, così in armonia con me stesso... In quanto prete, ho sempre sofferto per il dogma, senza mai osare dirlo; forse i limiti consentiti mi davano un senso di sicurezza. Non so perché vi parlo di tutto questo, ma sentivo di doverlo fare, perché, ad un certo momento, siamo stati un po' i vostri intermediari nei confronti di Rebecca. Parlo al plurale perché qui ho ritrovato la compagna di cui avevo respinto l'amore sulla Terra, senza peraltro riuscire a dimenticarla. Oggi, vedete, ho compreso qualcos'altro e lavoriamo entrambi nella stessa direzione, insieme... La tortura morale ed i richiami ignorati, ora lo so, non sono mai serviti a far crescere l'uomo.»

Un'onda di silenzio si adagia su di noi; e che potremmo dire, d'altronde? Che lo sappiamo? Che comprendiamo? Nessuna formula convenzionale è adatta quando due anime si stanno ad ascoltare: solo gli occhi possono parlare.

«Non avete notato il silenzio totale di Rebecca sulla famiglia con cui ha vissuto qui?», ci chiede timidamente la compagna del nostro precedente interlocutore.

«Sì, cominciavamo a chiedercene il perché.»

«Malgrado la fretta di scendere sulla Terra, Rebecca vive il distacco da questi luoghi proprio come voi potreste vivere la morte: ed è d'altronde ciò che accade, giacché muore rispetto a coloro che le sono cari. La sua sensibilità la spinge piuttosto a non menzionarne l'esistenza, ed a tuffarsi il più in fretta possibile nella materia fisica: è una reazione che comprendiamo benissimo.

Così, mentre i suoi futuri genitori si prepareranno attivamente alla gioia della sua venuta, qui sentiremo la sua mancanza... e Rebecca probabilmente avrà il cuore gonfio per settimane o mesi. Così è per tutti, a parte rare eccezioni: è qualcosa che non immaginano, sulla Terra... ciò che è gioia per uno può essere uno strazio per l'altro. Spesso è proprio il ricordo degli orizzonti luminosi del luogo di provenienza, la memoria dei volti di coloro che ha lasciato, che si esprime attraverso il pianto del neonato e rende a volte così assente il suo sguardo. In questo senso c'è di nuovo una soglia da varcare, e quel passaggio fa parte del processo di maturazione dell'anima. Più la si varca coscientemente, ossia con calma, senza perdere la propria identità, senza quella sonnolenza eccessiva che è come una fuga rispetto al dover lasciare certe cose che ci portiamo dentro, più diventa facile entrare nel feto, e più il ricordo dello scopo della nuova vita mette radici. Bisogna sempre tenere gli occhi aperti, sempre cercar di conservare la presenza di spirito della coscienza... e la fiducia, qualunque sia il lato del velo che ci lasciamo alle spalle.»

Nell'ascoltare queste parole, non possiamo fare a meno di pensare all'atteggiamento sbagliato di molti di noi davanti ad un neonato, affascinati da una forza di vita che ci pare così nuova e tutta volta al divenire. Il neonato, ne siamo certi, non è un terreno così vergine come la sua pelle vellutata vorrebbe farci credere: porta con sé i suoi bagagli, i suoi timori, le sue speranze, le sue inibizioni, le sue gioie, tutto un potenziale, una gamma di colori che ha sviluppato di più o di meno, da così tanto tempo, da molto più tempo di quanto ci si compiaccia di credere.

Mentre queste nozioni ci attraversano veloci la mente, ci sembra che il nostro posto non sia ormai più lì, sotto gli alberi in fiore; Rebecca ci chiama: una voce silenziosa risuona insistentemente nel petto e richiede un'azione... ma questa azione passerà attraverso l'abbandono totale della nostra volontà.

Bisogna ritrovare il filo di Arianna che ormai ci unisce alla nostra amica; non è un luogo, quello che dobbiamo cercare, bensì una sensibilità, una nota emessa dalla sua anima e che è sua soltanto. Basta permetterle di esprimersi dentro...

Una forza ci avvolge, ci attira verso di lei, lontano, indietro, e ci cancella da quel primaverile fazzoletto di terra, riducendoci alle dimensioni di un punto nell'universo, chiedendoci d'un tratto di respirare in modo diverso... altrove, più vicini alla nostra Terra...

Ci troviamo sopra alla folla, una folla brulicante su ampi marciapiedi. Il pomeriggio volge al termine ed il cielo si colora di rosso mentre le luci al neon si accendono qua e là, per poi trasformarsi in una cascata luminosa sulle facciate delle case. Ha smesso di piovere da poco, ed ora l'asfalto è simile ad uno specchio scuro percorso dal corteo delle auto in un mormorio crepitante.

Un'anonima coppia esce dalle porte spalancate del cinema e si immerge nella calca: li guardiamo automaticamente, perché sono come abitati da una presenza che li rende diversi dagli altri. Riconosciamo la donna, è la futura madre di Rebecca. L'uomo è probabilmente il futuro padre ed è la prima volta che lo vediamo: ha un corpo snello, un'andatura un po' insicura come un adolescente cresciuto troppo in fretta, ma c'è qualcosa di nobile, come una perfetta rettitudine che emana da tutta la sua personalità ed induce a provare simpatia per lui.

Se sapessero...

Accanto a loro, la sagoma di Rebecca pare un turbinio di atomi iridati, legato alla loro stessa aura: tre anime in una e, per loro, probabilmente, questi attimi di inconscia fusione conteranno più di quanto si possa immaginare.

Sembra che su quel marciapiede non accadano che cose banali, ma in realtà si sta tessendo un legame, come se tre strumenti musicali stessero imparando ad accordarsi tra loro, come se tre archetti si appresassero a suonare sullo stesso ritmo.

In verità, assistiamo ad uno strano scambio: pienamente cosciente, come se divorasse con gli occhi uno spettacolo che l'affascina profondamente, Rebecca sembra assimilare certe sfaccettature della vita profonda dei suoi genitori: ricorrendo ad un processo che non dipende da lei ma che risponde alle leggi di una fisica sottile, attrae a sé, dal corpo dei suoi genitori, delle masse luminose in movimento, simili a brume colorate in cui ribolliscono gli elementi di una vita intima.

La nostra amica sta imparando... impara chi sia quella coppia. Non impara la storia della loro vita, ma la sinfonia che questa vita esprime... Si familiarizza con le note salienti che i loro pentagrammi offriranno al suo.

Come esiste una genetica del corpo, così ve n'è una dell'anima: nelle prime settimane dopo il concepimento, le aure di coloro che si uniscono per creare una famiglia si sposano strettamente ed agiscono reciprocamente come vasi comunicanti. Non ci era mai stato dato di osservarlo così bene: nel guardare questi esseri che si amano e che imprimono la stessa direzione al loro volere, vediamo che le radianze dei loro corpi sottili sono analoghe a memorie profonde, a vere e proprie "banche dati", per dirla con un termine moderno.

Come il corpo, la luce che costituisce l'aura può essere paragonata a migliaia di cellule che si raggruppano per affinità a formare masse di energia di una certa densità, di una certa ampiezza e anche di un certo colore, che veicolano le caratteristiche di base di un temperamento, la forma di sensibilità di un'anima, oppure le sue asperità. Al di là della genetica e dell'educazione, sono queste masse di energia che stabiliscono gli autentici legami tra genitori e figli. Gli elementi costitutivi dell'anima, rendiamocene conto, comunicano fra loro in un linguaggio preciso, proprio come quelli del corpo.

Intanto, non lontana dai nostri occhi che gustano la bellezza di questo attimo di scambio, la figura di Rebecca è sempre trasportata dall'alone luminoso della coppia che ora allunga il passo in una stradina meno affollata.

A dire il vero, ma forse è dovuto alla vicinanza della radianza terrestre, la nostra amica ci sembra diversa da com'era un attimo fa: è come se avesse sfogliato avidamente ed in un lampo un enorme libro che in un certo senso ha già cambiato il suo modo di vedere. Infatti, il corpo luminoso di Rebecca si è colorato di lievi sfumature rosa, che solo ora cominciano a fluttuare intorno ai suoi genitori che camminano abbracciati. Sente la loro gioia e la sua, comprende la loro sensualità e l'assorbe in sé, e questo le lascerà forse per sempre un ricordo simile ad un segno di tenerezza. Ci sono nostalgie che a volte vengono da momenti come questi, in cui tutto sembra semplice e banale ma, contemporaneamente, è raggiante di luce.

«No, lì no...»

La voce di Rebecca si lascia sfuggire d'un tratto questa esclamazione: le sue parole ci sorgono dentro come un debole lamento.

Subito ne comprendiamo la causa: a pochi passi dalla coppia la sguardo viene aggredito da insegne gialle e scarlatte che sono molto eloquenti; è uno di quei posti dove si mangia in fretta, semi-seduti al banco carico di bicchieri di carta, cannucce e distributori di bibite melmose...

Ci siamo: i genitori di Rebecca hanno spinto i battenti, e sentiamo appena gli atomi della porta che si richiude lentamente attraversare le particelle dei nostri corpi di luce, che stanno già cercando rifugio altrove.

La nostra amica chiude gli occhi, mentre la sua figura si offusca un po': intuiamo, sentiamo una specie di sospiro che proviene da lei, qualcosa di ansimante, di interrotto, come un cuore affaticato che pulsi controvoglia.

«Non dovevano...» la udiamo dire tra l'eccessivo martellamento di una musica sorda: sembra proprio che, questa volta, le sue parole siano per noi. Rebecca sa che siamo qui, o se non altro l'ha intuito, lo ha desiderato e ci cerca con gli occhi come un animale che annusi il vento.

Ecco... le nostre tre anime si riuniscono, si parlano con un sorriso a breve distanza dalla coppia che si è fatta largo fino a due alti sgabelli di metallo rosso.

«Non dovevano venire qui... è troppo denso, troppo pesante per me! Se mi dessero ascolto... gliel'ho detto... Ci sono esseri che possono venirci, ma non io... Io non so nulla di questo mondo... Tutte le immagini che ho visto, non sono nulla in confronto a questa realtà. Questi rumori mi fanno male, e poi ci sono tutte quelle forme...»

Non sappiamo bene che dire, soggiogati e soffocati anche noi dall'atmosfera dolente di questo posto, vissuta e recepita in una situazione in cui i nostri corpi fisici, così lontani, non possono servirci da cuscinetto.

Eppure, non c'è niente di più banale agli occhi degli uomini di oggi dell'atmosfera fumosa di un "fastfood" uguale a tutti gli altri, con i suoi vassoi carichi di hamburger e di ketchup!

Probabilmente esistono banalità che feriscono l'anima al

punto che essa si costruisce altre scaglie... per dimenticare, per addormentare le sue stesse resistenze.

Ciò che trafigge davvero la nostra coscienza astrale, qui, è in effetti il suono: lo recepiamo come una sfilza di colpi di maglio. Sono anche i pensieri tristi, opachi, eccessivi e disordinati che circolano attraverso di noi, nebbia della vita dei presenti.

Li vediamo anche troppo bene, quei pensieri: è questo che spaventa Rebecca, soprattutto, allontanandola dalla radianza dei suoi, che ora per lei sono lontani, null'altro che una coppia di forme divorate da un'esistenza di cui non può cogliere alcunché. A loro volta, i suoi genitori hanno dimenticato la sua, quella che, idealmente, lei avrebbe voluto raccontar loro.

«Guardate — dice — sono solo nebbia. Vedo soltanto masse pesanti, come luci senza vita.»

Tentiamo di fare il punto per capire meglio: sicuramente Rebecca si riferisce alle forme-pensiero che pullulano nella sala e sorgono dai corpi che si accalcano, poi vanno ad impregnare altri corpi. Quanto a noi, dobbiamo operare una selezione per riuscire a vederle, perché i nostri sguardi sono rapiti dal bizzarro turbinare degli atomi della materia.

Ma laggiù in fondo, nell'angolo vicino al banco, in mezzo a queste nebbie dell'anima umana, c'è una forma più densa, più definita, che si distingue dalle altre perché più mobile.

Anche Rebecca l'ha scorta, e si aggrappa ai nostri corpi astrali come ad uno scudo, mentre avanziamo insieme verso di essa. Intanto va precisandosi la fragile figura di un uomo dal volto emaciato, i cui tratti sembrano immobili come quelli di un modello di cera: dal suo lungo impermeabile grigio emerge una mano che accarezza pigramente lo spigolo del registratore di cassa.

Non c'è vita dietro a quel corpo, lo si vede benissimo... è come una maschera, il semplice guscio eterico sconcertante di un uomo che deve aver trascorso i suoi giorni appoggiato al bancone, in attesa di chissà cosa, prima di andarsene da questa Terra; è rimasta qui la sua impronta, come un automa che ripete gli stessi gesti ormai privi di senso. Sappiamo che scomparirà da sola, quando le particelle che la compongono raggiungeranno i mondi vitali, e questo non appena l'anima che l'abitava sarà diventata più leggera ed avrà trovato la sua vera dimora nella Luce...

«Ci vorrebbe una mano di bianco, qui!» pensiamo. Rebecca scoppia a ridere davanti alla nostra reazione: la vediamo ora davanti a noi, ancora un po' ripiegata su se stessa, ma certamente con più luce negli occhi di un istante fa.

«Bisognerà che mi ci abitui — dice nervosa... — Bisognerà proprio farci il callo... Dopo tutto, è il loro mondo, ho deciso di accettarlo e non è detto che il mio sia migliore!

Avrei però voluto che mi lasciassero un po' più dì tempo... Sono come un sottomarino che si è appena rifornito d'aria, e già viene spedito in profondità! Sono io, naturalmente, che non devo farmi ferire e che devo andar loro incontro con calma, ma bisogna che a loro volta mi riservino un'isola, una riva dove possiamo incontrarci. Soprattutto mio padre: poco fa, abbeverandomi all'onda del suo cuore, mi sono accorta che non comprende a fondo; voglio dire... non è ancora "incinta"... Osserva, è contento, ma solo perché la paternità lo fa sentire ancora più simile agli altri e può identificarsi ancora di più ad un modello, quello dell'uomo padre. E invece non dev'essere così, bisogna che riesca a dirglielo... Non mi va di nascere in una famiglia vecchio stampo che fa figli perché bisogna averne: tra non molto il mio futuro corpo avrà bisogno dell'energia maschile. Forse crede che tocchi a mia madre soltanto, dare al mio corpo quanto gli serve! Eppure, è con l'amore, con la disponibilità, che i vari corpi di mio padre polarizzeranno correttamente tutto il lato destro del mio corpo: se questo non accade come si deve, dovrò aggiustarmi da me, perché probabilmente avrò un po' più di difficoltà ad affermarmi in situazioni molto concrete.

Non dimenticate di scrivere che non sono solo i pianeti o il bagaglio della mia anima a costruire il mio temperamento, a tessermi il carattere, ma anche la coscienza d'amore dei miei genitori, che è ben altro che meccanica, ancorché celeste! Bisogna che si aprano a me e mi aspettino entrambi, se non vogliono che io debba combattere e piegare la schiena prima ancora di arrivare in braccio a loro. Quando ridiscendiamo, siamo tutti così.

Oh, non voglio che si aspettino chissà quale meraviglia, né che debbano controllarsi ad ogni istante, attenti a non fare un passo falso: questa non sarebbe vita, e la gravidanza non è una malattia… Ma voglio che aprano la coscienza, l'uno e l'altra, voglio che sappiano che è con i pensieri, oltre che con i loro corpi, che mi costruiscono e mi aiutano a trovare me stessa!»

"Trovarsi" è proprio il termine giusto, un termine che ci siamo portati nel cuore e che oggi si imprime con forza sotto la penna… Il costruttore è il materiale e il materiale a sua volta diventa artigiano, se in essi vogliamo vedere davvero un'unica Forza. Così è la Vita, che insegna a trovare se stessi in ciascuno degli altri.

CAPITOLO 3

Dicembre

Sono le cinque e un quarto del pomeriggio...
All'uscita da uno stretto tunnel immacolato in cui affondiamo lo sguardo come in un telescopio, un orologio a muro con enormi cifre rosse e blu conta i minuti col movimento ritmico delle lancette. La nostra visuale allora si allarga, e la nostra coscienza, attratta da questo tenace segnale del tempo terrestre, si immerge completamente nella luce un po' fredda di un'ampia cucina. Qui tutto è bianco o quasi, sia i muri che i mobili, appena evidenziati da un discreto fregio scarlatto o dai pomoli degli sportelli. In un angolo, però, troneggia su un piano di lavoro un'enorme radio che diffonde una ritmica melodia, riscaldando quell'atmosfera da laboratorio. Una giovane donna, non lontano, sembra nuotare in un lungo maglione rosa, studiato apposta per sembrare troppo grande, e tira fuori scatole e scatole ammucchiate alla rinfusa nei sacchetti di plastica che giacciono per terra.
«Ieri ho avuto paura di penetrare in lei...»
La presenza di Rebecca ci ha guidati fin qui, e la sua sagoma si è addensata a poco a poco al nostro fianco, mentre con un'ondata di vaga tristezza il suo sguardo ci conferma l'appuntamento fissato dal cuore.
«Sì, dall'altro giorno ho paura... mi è tornata in mente una sensazione che avevo del tutto dimenticato, la solitudine.
È tornata a galla lentamente, quando ho capito davvero

il senso della mia partenza... fino a poco fa, ero quasi euforica, sapete, poi tutto è stato spazzato via da un'ondata che risaliva dal fondo del mare, quando ho preso coscienza di questa pesantezza di cui avrei dovuto farmi carico.
È terribile perché mia madre, invece, è sempre più contenta: ha cominciato seriamente a cercare un nome per me.»
«Ce n'è uno che ti piacerebbe avere?»
«Sì, naturalmente, ne sento uno dentro da un bel pezzo; ed è quello che avrò... a meno che mia madre o mio padre non siano troppo sordi quando lo suggerirò durante il sonno!»
«Puoi dirlo anche a noi?...»
Rebecca sorride e ci guarda con un'aria improvvisamente timida, come a volte fanno i bambini; in realtà sembra che qualcosa sia cambiato in lei, qualcosa che lascia intravvedere un sorprendente insieme di vecchiaia e di adolescenza, di saggezza e inquietudine.
«No, non so... ancora non posso. Sarebbe come se mi aprissi troppo bruscamente... Capirete, un nome, un cognome, non è una cosa da poco: così mi è stato insegnato, ma adesso sento anch'io che è vero; è una specie di musica che suonerà per me e per coloro che conoscerò per lunghi anni, una musica che canterà un po' ciò che ho dentro, i segreti del cuore, e che in un certo senso lo plasmerà anche. Ora soltanto gli uomini possono capire... Hanno cominciato ad avvicinarsi all'universo delle vibrazioni.»
Intanto, nella grande cucina, sull'altro versante della vita, la giovane donna continua a disporre meticolosamente i suoi pacchetti dietro gli sportelli bianchi dei mobili; canticchia, seguendo il ritmo della radio, e ogni nota, uscendole dalla gola, dissemina tutto intorno una piccola corrente appena iridata.
«Non sarà la situazione che vivrai a farti sentire freddo o calore all'anima, Rebecca, lo sai, ma sarà il modo in cui la vedi.»
«Scusatemi... vedo che mi appresto a ricominciare questa vita come tante altre prima, se non sto attenta: in fondo a

tutti noi c'è un meccanismo di protezione che si ingegna ad occultare così tante verità! Voglio nascere cosciente di tutto ciò che ho imparato... Ricordatemelo ogni volta che ne avrete l'occasione. Le emanazioni della Terra sono tutte piene delle paure degli uomini, delle loro inibizioni e dei loro egoismi, e le anime che ritornano le ricevono come una frustata, e si trovano a scolpirle ancor prima di indossare la tunica... Riescono a colorarle perché rinverdiscono i loro ricordi, le loro debolezze.

Oggi, vedete, sono povera perché nel mio cuore ci sono dei buchi che mi sembrano abissi, perché la vicinanza di questo corpo che si costruisce sotto questa cappa di piombo mi fa di nuovo assaggiare ciò che è meglio e ciò che è peggio; vedo anche troppo bene che il dualismo mette piede in me: c'è il mondo e ci sono io che ritorno, io che mi sento sola perché qualcosa mi spinge a voler lasciare la mia impronta nel mondo, un'orma più bella, più perfetta. Questa solitudine è l'orgoglio di quelli che ritornano e già si sentono in obbligo di dire "io", per affermare *ciò che* voglio essere.

La mia paura, la mia tristezza, sono... come dire... la coscienza della mia incoscienza, la constatazione della mia incapacità di mantenere l'unità fra l'universo e me.

Ecco perché mi sento male ogni volta che vedo o sento che i miei genitori vanno in cerca di luoghi dove gli ego si affermano e si fronteggiano.

La Separazione si imprime allora ancora più a fondo in me, e mette in luce le lacune della mia anima... Mi fa male dove un tempo mi sono ferita... e, sapete, credo che tutti soffriamo della stessa ferita, quando moriamo, quando nasciamo: non ci piacciamo, non ci perdoniamo.

Il fatto di ritornare sulla Terra ravviva in me le scene difficili di un passato che avrei voluto dimenticare, le ferite che ho inflitto agli altri e quelle che mi sono inflitta da sola; rileggo interi capitoli del mio stesso libro e li trovo tanto più dolorosi quanto maggiori sono le mie aspirazioni. Ditelo a tutti i genitori, affinché sappiano che l'anima che accolgono non è vergine, ma è memoria viva: non si stupiscano se piange. Sono lacrime di lucidità, sono un appello all'amore e alla comprensione: non vi sarà altra consolazione.

Oggi mi rendo conto che non sarò diversa dagli altri... ed è forse per questo che mi sento così sola. "Colui che si crede unico è solo!" Com'è chiara, ora, quest'affermazione!

Sapete, molti dei miei amici sono per me come dei fratelli, e stanno anch'essi ritornando in un corpo di carne ed ossa come me: non possediamo necessariamente la stessa comprensione né la stessa sensibilità, ma so che anch'essi provano il dolore sordo della mia stessa solitudine. Dall'ultima volta che ci siamo visti, ho incontrato ancora qualcuno di loro ed ho avuto il piacere di una lunga conversazione: ad un certo momento, mi è sembrato che avessimo tutti attraversato, fin qui, le stesse fasi di esaltazione e di abbattimento davanti a questi feti che sono già "noi", e anche davanti ai genitori che troppo spesso, secondo noi, chiudono le orecchie dell'anima.

Secondo una nostra guida che era presente alla conversazione, queste fasi si spiegano in gran parte con l'intervento progressivo ed in un certo senso a rotazione dei quattro elementi densi della natura sul feto: così, vedete, siamo riusciti a capire meglio come la forza vitale che anima l'Acqua (e che è formata da una moltitudine di piccole anime diverse le une dalle altre), agisca molto più sensibilmente sul corpo in via di costruzione a partire dalla fine del secondo mese. E infatti, le onde suggerite simbolicamente dalla presenza dominante dell'Acqua sarebbero legate al fluttuare delle emozioni che prova chi si incarna: questo si traduce obbligatoriamente in manifestazioni dell'ego, e devo dire che la solitudine che proviamo tutti ad un certo momento fa parte di queste manifestazioni...

"Chi si crede unico è solo"... Mi imprimerò bene in mente questa frase, a cui gli amici hanno dato un significato così pregnante: l'orgoglio ci isola, e sulla Terra, come in questo mondo intermedio, fa di noi altrettanti soli che, invece di dare davvero, coltivano l'abitudine di attrarre troppo verso di sé...»

«Eppure, Rebecca, non avevi alcuna incertezza nella voce quando ti auguravi che i tuoi futuri genitori ti ascoltassero un po' di più...»

«Voglio che sentano la mia anima, che intuiscano la mia presenza intorno a loro, e non solo dietro la rotondità nascente del ventre. Vorrei tanto, anche, che tentassero di percepire la mia sensibilità, che mi sentissero come un'amica sulla via del ritorno piuttosto che come un tesoro unico che si stanno costruendo! Vorrei, insomma, che non proiettassero sul mio corpo le loro paure e le loro folli speranze. Se non lo capiranno, mi impediranno fin d'ora di diventare me stessa.

Per favore, cercate di seguire il mio pensiero perché è difficile comunicare questi concetti: è come se anch'io riscoprissi ogni cosa nel momento stesso in cui ve ne parlo.

Venite, se volete, venite con me a guardare mia madre... Capirete meglio cosa sento...»

Ma basta un sorriso a cacciare le nubi dal profondo degli occhi di Rebecca, che emette una specie di sospiro di sollievo.

Allora tutti e tre, uniti in un'unica energia che desidera solo amore e conoscenza, lasciamo che il corpo dell'anima scivoli fuori dalla grande cucina bianca: ci ricordiamo che vicino alla camera c'è un salottino con un'imponente poltrona di cuoio ed un telefono su un tavolino di vetro fumé: quel luogo ci chiama e sappiamo già per intuizione che la madre di Rebecca è lì, a godersi un momento di tranquillità. Seduta a gambe incrociate sulla poltrona, lavora a maglia con gesti scattanti, come un piccolo roditore che carda la lana per il nido: percepiamo che si è rifugiata in un suo mondo interiore, e che è poco attenta alle informazioni quotidiane che la radio comincia a snocciolare fra due slogan pubblicitari. Per terra, sulla moquette, un mucchio di riviste varie e di gomitoli gialli e bianchi dà un tocco di relax alla stanza.

«Guardate — mormora Rebecca — mi piace quando è

così, la trovo bella... non l'aveva mai fatto prima: so che non lavorava mai a maglia! Oggi vorrei parlarle, dirle che è bello, ma che non basta... Vi sembrerò molto esigente, ma mi piacerebbe dirle che dovrebbe smetterla di comportarsi come una bambina che sta preparando i vestiti per la bambola: intendo dire che le ho letto nel cuore l'attesa di chi aspetta un giocattolo.»

«Non stupirtene troppo, Rebecca: non dimenticare che è una sensazione del tutto nuova per la sua anima; non puoi aspettarti che sia già una madre perfettamente cosciente di tutto.»

La nostra amica tace; come assorta in un improvviso sogno ad occhi aperti, dirige le curve elastiche e luminose del suo corpo fino ai piedi della poltrona: qui penetra pian piano nell'aura azzurrina della giovane donna che, probabilmente, ora percepisce qualcosa in quella sua isola di quiete. Infatti, d'un tratto, arresta i gesti veloci delle mani e alza lo sguardo, come a penetrare una nuova realtà.

Rebecca, che la tiene d'occhio, scoppia a ridere... e già in quella risata si legge il divertimento malizioso di un bimbo convinto di aver giocato un bel tiro. Poi, sempre seduta nel sottile turbinare eterico delle riviste, si volge verso di noi con aria vittoriosa ed esclama:

«Avete visto? Ci sono riuscita! Adesso sa che sono qui! Le voglio bene! Le voglio bene! Ora forse riusciremo a comunicare.»

Intanto la giovane madre di Rebecca abbassa nuovamente lo sguardo e le sue mani riprendono meccanicamente il lavoro a maglia. L'istante magico è finito, piccola goccia d'oro venuta ad illuminare il tempo.

«Pazienza... so che mi ha sentita, se non altro ora so che può sentirmi. Bisogna che in lei ci sia il vuoto... non il nulla, ma quella disponibilità sacra che salta fuori quando non siamo più noi a volere, ma lasciamo che sia la Vita a volere al nostro posto. Ecco: sono questi i momenti che entrambe dobbiamo cercare!

In tal modo sarò sempre meno il suo giocattolo nuovo e si accorgerà che non sta costruendo qualcosa di suo, ma che si tratta di un'onda di Vita che passa attraverso di lei.

Sapete, amici, c'è una cosa che vorrei dire a tutti i genitori che leggeranno il vostro libro: se è vero che per nove mesi costruiscono il guscio nel quale abiterà un'anima, non devono però ingannarsi circa lo scopo della faccenda; oltre al nuovo corpo, essi costruiscono se stessi nel contempo. Il bambino è un'altra pietra che aggiungono al loro edificio interiore, una pietra mediante la quale metteranno alla prova e levigheranno la loro coscienza. Sembra ovvio, quando se ne parla, ma — e ne sono cosciente soltanto dalla mia ultima esistenza — quanti sono gli uomini e le donne che hanno il coraggio di riconoscere che è così? Oh; non parlo soltanto di quando si dice "è magnifico, è uno scambio, è qualcosa che ci fa crescere!" Queste dichiarazioni piatte e convenzionali le ho già sentite mille volte, anche quando ero sulla Terra. Quello che voglio dire è che è tempo ormai di capire davvero che questo scambio, questa crescita reciproca, vanno molto al di là del riconoscere il tutto un po' meccanicamente, e spesso superficialmente. Vorrei, come tutte le anime che tornano e stanno maturando, che i miei genitori sapessero come la mia venuta sia soprattutto il ritorno di qualcuno che si porta dietro i suoi bagagli, qualcuno a cui certamente hanno il compito di indicare la direzione, ma che a sua volta viene per risvegliar loro la memoria, per mettere il dito sulle loro debolezze e sui vecchi contenziosi da risolvere.»

Nella stanza accanto, il volume della radio raddoppia di intensità; ora il commentatore ha lasciato il microfono alle tonalità aspre e martellanti di un'orchestra sicuramente popolare, tant'è che la giovane madre di Rebecca ne riprende spontaneamente il ritmo con voce leggera.

La nostra amica, divenuta più seria a causa del tenore della conversazione, subito si riprende:

«È terribile! — dice con un'espressione esageratamente divertita — Come possono piacerle delle cose così stridenti?

E sembra che avrò tendenza anch'io ad apprezzarle! In tutti i casi, non voglio starmene alla larga da questi suoni, bisogna che li affronti: quelli che mi spaventano e mi feriscono sono sempre i suoni estremi, troppo stridenti o troppo gravi. Credetemi, non è un'affermazione soggettiva; fin qui, ogni volta che ho preso posto nel ventre di mia madre, e che mi è capitato di sentire una musica come questa, ne ho visto con chiarezza l'effetto dissolvente sulle cellule del mio corpo eterico; ho persino percepito dietro alle tonalità più sorde come un'onda giallastra, davvero sporca, che invadeva a poco a poco i miei *nadi*, ancora molto fragili. Ma, a dire il vero, sono soprattutto i ritmi sincopati, direi (un musicista li chiamerebbe binari) che generano dei veri e propri piccoli terremoti su tutti i piani di formazione del mio corpo. Ogni volta che è accaduto, ho sentito come un rimescolamento in tutto il mio essere, un doloroso senso di ingombro della coscienza, e poi la sensazione soffocante che, mi hanno detto, corrisponde alla saturazione energetica della periferia di certi *chakra*, soprattutto del quarto.

Anche i più aspri di noi vogliono tutti la dolcezza quando tornano, vedete. Imporci l'eccesso opposto, sarebbe come trasmettere una marcia militare in un posto dove la gente muore! I ritmi binari sono l'incarnazione stessa del dualismo in questo mondo, e là da dove veniamo, ne abbiamo persa la voglia... allora, non fatecela ritrovare così presto e con tanta insistenza! E poi c'è anche tutto questo...»

In piedi fra le riviste, Rebecca compie un lento ed ampio gesto con il braccio, come ad inglobare l'aura di sua madre. Percepiamo bene ciò che desidera mostrarci: masse opache e molto dense sembrano prender posto progressivamente lungo il contorno della radianza sottile della giovane donna; è proprio come una corazza che si assesti, e che voglia isolare il corpo dal resto del mondo.

«Vedete — mormora Rebecca, allontanandosi — è anche questo che mi rende le cose difficili. Per reazione al ritmo, il suo secondo plesso intuitivamente emette un'onda, come antidoto e come scudo, una specie di medicazione che chiude anche le più minuscole brecce createsi sui corpi sottili. Diciamo che è una sorta di secrezione dei corpi di luce, con lo scopo di proteggerli e ripararli da un'aggressione. Solo che, vedete, uno scudo non è un filtro, e protegge da tutto... allora, è come se mia madre si allontanasse da me: non riesco più ad entrare nella sua intimità, a comunicare con lei, e lei non può più sperare di poter comunicare con me. Al massimo sentirà qualcosa tendersi dentro di sé, qualcosa che in un certo senso resta in apnea per non bere alla coppa del momento presente.»

All'altro capo dell'appartamento, una porta sbatte con un rumore secco: ci fa l'effetto di una detonazione, il cui lampo ci rispedisce immediatamente nel mezzo della spirale bianca. Che strano shock, quest'ascensione involontaria al centro della nostra camera di compensazione! C'è anche Rebecca con noi, muta, forse più vicina a noi in questa specie di rifugio in cui l'anima si spoglia ancora di più.

Qui, tutt'intorno, sembra ci siano mille soli per cantare la vita; Rebecca trasalisce ed i nostri sguardi, incrociandosi, sembrano dire:

«Andiamo all'Essenziale, è quello che bisogna raggiungere.»

«Ho paura di invischiarmi — sussurra. — Appena mi avvicino alla Terra, temo che la sua rete mi faccia dimenticare lo scopo...»

«Non si tratta della sua rete, ma della tua... della nostra, quella di tutti! Sai bene che penetri nel mare dei pensieri umani, dalle acque glauche perché si ragiona in termini di concorrenzialità, di commercio primario, di nero e di bianco. Ti domanderanno spesso dove sei nato e che cosa possiedi, ma ben di rado chi sei o cosa conti di essere. Finché non sarai incarnata, ci sembra che tu debba respirare a pieni polmoni l'aria pura, perché l'Essenziale non ti abbandoni poco per volta ma resti nel tuo centro vitale.»

«l miei amici mi hanno detto di fare tutto il possibile

per restare cosciente fino in fondo: se la coscienza non scompare e non perde nulla del suo contenuto nell'ultima discesa, allora posso sperare di fare la mia strada con un vero e proprio faro interiore. Mi impedirete di dormire, vero? Impeditemi di cominciare a giudicare... non voglio giocare con le maglie della rete!»

«Allora, com'è andata la giornata? Cresce?» All'altra estremità del nostro tunnel di luce viva, c'è stato come un sonoro scoppio di voci: è una voce piacevolmente energica, qualcosa di allegro che ci chiama e rinverdisce in noi il bisogno di scoprire e servire lo sbocciare di questo fiore... Il timbro di quella voce è un richiamo che ci proietta di nuovo come un lampo nel centro dell'appartamento: per un breve istante ci tocca combattere contro un inizio di nausea e contro l'impressione, condivisa da Rebecca, di infilarci un pesante cappotto foderato di pelliccia; poi più nulla, nessuna increspatura nel cuore... e davanti a noi, intorno a noi, lo stesso salottino con le pile di riviste in bilico sulla moquette. La figura smilza di un uomo con la giacca di velluto ora si profila su un bracciolo dell'enorme poltrona; l'uomo scompiglia giocosamente la chioma della giovane donna che ha lasciato cadere il lavoro a maglia... e sempre quella radio che parla, canta e non la smette più di farci piovere addosso la sua burrasca!

Nel riconoscere l'uomo ci sembra di provare, a quel contatto, un'amicizia immediata, nata da una specie di complicità inattesa: forse captiamo, beviamo qualche goccia della sensibilità a fior di pelle propria di Rebecca. È vero che a volte le nostre tre anime si toccano con gli occhi.

Trascorrono pochi istanti color dell'arcobaleno, quasi muti, e poi, ne siamo ormai certi, sentiamo circolare nelle vene proprio l'emozione di Rebecca: gioia e timore contemporaneamente, serenità ed impazienza unite in uno strano cocktail.

La coppia ora dice qualcosa di banale che immediatamente sfugge alla nostra memoria: ciò che invece ci attira è la fusione delle loro aure; se riuscite ad immaginare due masse di nubi dai colori pastello che si modellano e si compenetrano a vicenda per poi diventare un'unica realtà, allora siete vicini all'immagine di tenerezza che si tesse davanti ai nostri occhi.

D'un tratto, dal cuore stesso di questa armonia, sorge un lampo immacolato, come quando la luce del sole si fa accecante giocando con una scheggia di vetro.

«Sai, non metterti a ridere — esclama la giovane donna al marito — ma un attimo fa ho avuto una strana sensazione: d'un tratto mi è parso di non essere più sola, qui... non so come dire... come se *lui* fosse qui e ci ascoltasse! Incredibile, vero?»

Così dicendo, la madre di Rebecca si accarezza lentamente il ventre.

«Credi che sia possibile? Certi dicono di sì!»

«Non so... dicono un sacco di cose. Sarebbe un po' aberrante, no?»

L'uomo si lascia sfuggire queste parole con un dolce sorriso, con l'aria un po' imbarazzata di uno a cui viene chiesto di svelare una parte intima del suo cuore.

«Idiota!» Rebecca ha fatto un salto, ed i tratti del viso si sono contratti in un'espressione di rivolta...

«Sentitelo, adesso dirà che non sono neppure viva!» Malgrado tutto, non possiamo fare a meno di sorridere davanti alla spontaneità della nostra amica, che ha qualcosa di così toccante, da sdrammatizzare immediatamente la situazione.

«Ti proverò il contrario, Thomas...»

Questa volta, la frase è stata pronunciata con una grande pace interiore, e ci dà la viva sensazione di sorgere dal profondo dell'anima di Rebecca.

«Perché lo chiami Thomas? Non si chiama così.»

I nostri sguardi si incrociano e si sondano di nuovo, nell'attimo presente che si cristallizza. Ci sembra di essere trasportati da qualche parte, assorbiti nella luce della nostra compagna che ha cancellato ogni altra cosa intorno a sé.

Allora, per pochi indescrivibili secondi, viviamo i vorticosi movimenti del suo cuore e ci resta impressa l'immagine di una duna modellata dai venti: ogni granello di sabbia è come una memoria a sé stante, che cerca il suo posto e prende coscienza di sé. Ci sono così tanti cieli, così tanti soli che sfilano attraverso di essa!

Rebecca ricorda...

«No, questa volta non ricominceremo da capo. Non dovrò dimostrargli nulla. Lo amerò... lo amo perché è lui... ed è tutto! Ora non posso, ma un giorno vi parlerò di tutto questo... non oggi, perché non è ancora abbastanza chiaro. Ho ritrovato soltanto ora qualcosa che stava in fondo ad un vecchio cassetto.»

L'appartamento è scomparso, ed eccoci soli, tutti e tre, sospesi da qualche parte; stiamo bene qui. Intorno a noi, respira uno spazio che sembra contemporaneamente chiuso ed infinito; fa pensare alle nebbie di una coscienza che fruga in se stessa e rimodella senza tregua le sinuosità dei suoi limiti, rimettendoli continuamente in discussione. Non c'è nulla, ma tutto è azzurro ed abbiamo perso anche la sensazione di trovarci nei nostri corpi sottili.

«Siete nella mia gioia... È molto che cerco di farvi vivere questo momento! Era uno dei giardini della mia anima che dovevate visitare... volevo condurvici, ma quando sono io a *volere*, non c'è più nessuna strada! Non ho fatto altro che gesticolare e dibattermi in tutti i sensi dacché ho preso la via del ritorno; i vecchi ostacoli dell'ego rinascono col mio ardore, e se non ci fosse stato il dubbio di mio padre... Ora, credo di aver ritrovato il bandolo che mi riconduce a lui e penso che potrò capire un aspetto della vita che mi era oscuro. Ora, comincio a sapere perché lui, e non un altro: bisogna soltanto che la mia anima curi ancora una piccola piaga.»

«C'è qualcosa che ci preoccupa, Rebecca, e ci pare sia il momento di parlarne, vista la pienezza che ci stai offrendo.»

La nostra amica è ormai solo un cuore colmo di pace. Così, al di là dei nostri corpi dimenticati, una forza complice ci abbraccia.

«Volete parlare della mia famiglia, quella della mia ultima esistenza? È molto tempo che speravo di portarvi sull'argomento! Sapete, è importante, permette di comprendere un sacco di cose! I genitori, gli amici della mia precedente esistenza terrena sono ancora quasi tutti qui... o, se preferite, "lassù". Alcuni hanno ripreso un corpo terrestre molto in fretta, ma quelli che mi erano più vicini ancora non l'hanno fatto: attenderanno ancora un po', ma lo faranno presto. Me lo hanno detto loro, l'abbiamo deciso tutti insieme. Abbiamo capito che la vita riunisce continuamente certe anime, come le dita di una mano, per scolpire meglio ciò che ha bisogno di essere scolpito.

Ma soprattutto volevo dirvi che tra due vite terrene, quando la coscienza si apre un po' e ritrova il posto che le compete nella gamma delle sue vibrazioni, non appena un certo piano di luce si dischiude, il termine "famiglia" non ha più significato, se non altro nel senso umano correntemente usato. I legami di parentela genetica, i legami di sangue, si dissolvono; cadono insieme alle maschere delle personalità e delle convenzioni assunte per la durata di un'incarnazione. Resta in noi soltanto l'amicizia, nel suo valore più ampio, più assoluto, vedete, e posso garantirvi che quest'amicizia altro non è che amore, qualcosa di generoso che non fonda la sua esistenza sulla base di termini mercantili, giacché nessuno appartiene più a nessuno. Così, ad un dato momento del nostro risveglio, i miei genitori sono ridiventati miei amici, ossia le anime vicine alla mia anima, e non più gli artigiani, i detentori più o meno riconosciuti di un corpo nato dal loro. Così ho cominciato a guardare ancora più lontano...

Ho avuto due compagni durante la mia precedente esistenza terrena; il primo non è mai tornato dalla guerra, e l'altro... beh, ho lasciato il corpo un po' prima di lui. Li ho ritrovati entrambi in quelli che chiamereste "mondi intermedi", molto vicini all'attrazione terrestre, e lì abbiamo continuato ad inventare e a vivere insieme un seguito alla nostra esistenza fisica.

Le nostre anime avevano bisogno di quella specie di parentesi per concludere in modo armonioso una storia un po' troppo passionale; poi... come descriverlo? Ci siamo svegliati progressivamente l'uno dopo l'altro ed abbiamo cominciato a capire qualcosa al di là, molto al di là delle nostre emozioni: è avvenuto pacificamente, a mano a mano che i nostri appetiti fisici si sono placati e si sono trasformati in ciò che forse chiamereste "scambi energetici". Questi scambi sono come bellissime e fortissime correnti che vanno dall'uno all'altro: non sono affatto una censura che l'anima si autoinfligge per superare dentro di sé qualcosa di meno bello o di meno puro; no... si impongono da soli quali logici prolungamenti del nostro essere che, allora, allarga il proprio orizzonte!

Certi sentimenti, quali la gelosia o la volontà di dominio, il desiderio di farsi valere, che ci rodono abitualmente sulla Terra, non hanno più senso non appena sboccia quell'istante; perché non c'è davvero più in noi una mano pronta ad accaparrarsi ciò che non è suo.»

«Hai già arato a fondo il tuo campo, Rebecca, per consentire alla tua anima di accedere a questo mondo.»

«In realtà, è una sfera di vita, un luogo che si trova nel cuore di ognuno di noi... Il timore di dimenticarlo mi indurisce e mostra chiaramente quali siano i solchi in cui l'aratro non è andato a fondo: allora, come potete constatare, malgrado le mie intenzioni, torno ad essere simile ad un arco che vuol tendersi perché pensa di avere ancora qualcosa da dimostrare.

Il bisogno di nascere sulla Terra si spiega anche in questo modo: c'è una forza viscerale che viene a cercarci anche negli angoli più nascosti del mondo in cui abbiamo trovato un certo equilibrio. Vorrei che gli uomini sapessero che questa forza non è ovviamente esterna ad essi; più nessuno dichiari dunque con rabbia "non l'ho chiesto io, di nascere"... Come se un fiore si rivoltasse contro il fatto di schiudersi sotto il raggio del mattino...!

Mi sento stupida quando vi parlo così, perché non voglio dare lezioni a nessuno: ho già abbastanza da fare per cancellare le asperità del mio cuore! Tutto ciò che voglio, è offrire un po' di quanto mi pare d'aver compreso, prima che la ragnatela dell'ego mi invischi di nuovo.»

La voce quieta e ferma di Rebecca ci mette davanti queste parole con una volontà che si colora di nostalgia, poi tace di colpo. E allora, per un bel pezzo, ci sembra di restare da soli con tutti i nostri interrogativi, ma anche con questa gioia così caratteristica e con questo sole azzurro la cui lieve freschezza non accenna a diminuire. Poi, piano piano, la pressione di una mano sulla spalla ci riporta in presenza della nostra amica: senza scambiarci neppure una parola, tutti e tre continuiamo ad assaporare la vita di questo spazio azzurro in cui persino a noi sembra d'essere in transito.

«Sì, è meraviglioso... Viaggio in me stessa come mai ho potuto fare fino ad ora. Devo mantenere questo itinerario in una corrente continua di gioia e di lucidità, e questa sarà la miglior garanzia per non dimenticare il mio impegno. Anche in questo senso chi chiude gli occhi e non accetta di fare il punto sulle vie traverse della propria coscienza, si appresta a rinascere con le abitudini di un automa ed una memoria chiusa col lucchetto.

Come avete visto, qui abbiamo degli amici che ci guidano e ci tengono svegli e fiduciosi... ma se anche i nostri futuri genitori potessero tenerci per mano... un po' di più! Quando torniamo, sapete, dobbiamo lasciare indietro qualcosa, e se non c'è almeno una corda tesa dall'altra parte, o sassolini bianchi a darci un po' di sicurezza... Non mi riferisco al fatto di sentirsi attesi, con tonnellate di corredino e culle piene di veli, no... Tutti i miei amici hanno le mie stesse aspirazioni: speriamo che sia possibile un dialogo che stimoli la nostra volontà di tornare, e dia il tocco finale all'abbandono delle nostre resistenze. Il corredino, la cameretta appena imbiancata sono una meraviglia, come un visto supplementare sul passaporto: ma non vogliamo che sia una vernice per mascherare l'essenziale.

Vedete... qualche tempo fa, quando ancora abitavo nella casetta del frutteto, ho assistito alla partenza di un'amica: era qualcosa di così fluido... Ogni volta che ritornava dal ventre di sua madre, veniva a raccontarmi com'era andata: per lei non era né un'esperienza dolorosa né qualcosa da condividere per soddisfare la curiosità altrui. Sentiva invece espandersi la sua vita e la sua stessa ragion d'essere, e questo perché i suoi futuri genitori dedicavano almeno un quarto d'ora al giorno per dirle "ora parlo con te". Lo facevano sempre alla stessa ora, ogni sera; si isolavano dagli altri e sapevano che, da quel momento, non erano più in due ma in tre, perché quella porta che aprivano offriva l'occasione di un vero e proprio appuntamento. Quest'amica spesso mi diceva che per loro era un momento sacro, di grande intensità, una specie di rito che affondava in modo naturale le sue radici nel corpo. Non volevano arzigogolare chissà che cosa sull'anima che invitavano e che andava da loro, né cercavano i "messaggi" secondo i dettami di una certa moda: no, restavano in attesa, nel silenzio interiore, perché sapevano che lei era presente... E quando dal profondo del cuore sorgeva una parola, una frase, gliela sussurravano senza nessun artifizio, senza cercar di sapere se avrebbero avuto risposta. Ed è proprio così che è riuscita a parlare con loro davvero, cioè e far capir loro i suoi slanci, le sue necessità, al di là delle proiezioni delle loro personalità. Certamente questa sarebbe la situazione ideale... e pensare che è così semplice!

La mia amica mi diceva anche che l'aura della loro casa ne era interamente trasformata: all'ora convenuta, ogni giorno, vedeva elevarsi dalla forma massiccia della casa una vera e propria colonna luminosa di un bianco traslucido e, col passare delle settimane, quel fascio si accordava perfettamente con le vibrazioni dei suoi corpi sottili, diventando la logica continuità della camera di decompressione in cui l'anima viaggiava. È successo così, in modo assolutamente non calcolato, solo perché l'amore era presente, libero da ogni vincolo, da ogni proiezione mentale, da ogni fantasticheria. Ditemi, bisognerà scrivere manuali, parole e parole, per farlo riconoscere, questo amore?

So che tornerò sulla Terra in un contesto difficile, perché così mi hanno detto i miei amici del paese della Luce... Ma non importa, ci saranno tante cose da condividere sotto un nuovo sole! Allora, bene, anch'io darò il mio contributo!»

Rebecca si rannicchia con gli occhi chiusi, come rapita da una contrada del cuore a cui nessun altro può accedere.

Soli con noi stessi nell'azzurro immenso, ci rendiamo conto che non erano solo parole, quelle che ci sono state affidate, ma qualcosa da non dimenticare, qualcosa di trasparente come un alito, come uno slancio che traduce l'appello chiaro della Vita alla Vita.

CAPITOLO 4

Gennaio

In questa notte d'inverno la natura è come cristallizzata, e ci giunge soltanto il grido vagabondo di un rapace notturno. Sul comodino le cifre fosforescenti di una sveglia appoggiata sull'orlo catturano lentamente lo sguardo assonnato. Le due sono passate da poco: perché dunque questo brusco risveglio? Con i sensi in allerta, con la coscienza insolitamente dispiegata, scrutiamo nel buio chiedendoci cosa stia accadendo. C'è un volere dietro a tutto questo? A dire il vero qualcosa sussurra dentro di noi, è come un presentimento, ma vago, così lontano... senza nessun elemento per afferrarne neppure un frammento, nessun appiglio per indovinare quale cassetto aprire. L'immagine un po' esasperante di un telefono fuori uso ci sorge dentro, con una battuta: tutte le linee dell'utente desiderato sono occupate, siete pregati di richiamare. Ma chi è quest'utente? Non saranno semmai le nostre linee, invece, ad essere occupate? A poco a poco affiora in noi la realtà delle cose, chiarendosi: dopo tutto, se abbiamo sentito una sveglia interiore al punto di uscire entrambi dal sonno, probabilmente bisognerà restare in ascolto; qual è la ragione di tutte queste circonvoluzioni?

Alla conclusione di questo ragionamento che si esaurisce da solo, ora c'è il silenzio... Un silenzio che si sgretola al nome di Rebecca, nome che scoppia come un fuoco d'artificio! Ora sappiamo che un turbine ci sta aspettando, e che fra poco quel turbine ci risucchierà: la nostra fiducia, il ritmo lento e profondo del respiro, guideranno le sue bianche spire...

Ecco, ci lasciamo andare, e l'oceano può dispiegare le sue onde sotto il corpo della coscienza, sabbie e terre emerse sfileranno fino ad un punto preciso, a meno che il nostro mondo non svanisca e l'umanità non si cancelli per lasciar cantare "l'altra riva".

Improvvisa come una deflagrazione, una porta interiore vola in pezzi in un silenzio denso. La nostra coscienza è ormai dilatata, proiettata lontano dalla sua corazza, e ci fa nascere nel cuore una luce quieta, verde, quasi fredda. In quel luogo si precisano i muri, prima in filigrana e poi più densi, e cominciamo ad osservare: siamo senza dubbio in una clinica, in una stanzetta affollata di strumentazioni imponenti di cui ignoriamo lo scopo.

Sentiamo accanto a noi il respiro di Rebecca: non è chiaro da dove venga, ma la sua presenza è forte, pressante, come a dirci: «No, non qui. Non proprio. Lasciatevi guidare.»

Allora, il nostro corpo scivola su un lato e si lascia portare da un'energia come fumo al vento. Al nostro sguardo si offre ora un'altra stanza, un po' più grande: un uomo e due donne con il camice stanno attorno ad un aggeggio voluminoso, e ci pare di scorgere fra le loro sagome quiete ma indaffarate, qualcuno sdraiato su un grande ripiano.

«È mia madre, — sussurra dentro di noi la voce di Rebecca — abbiamo preso uno scossone... Ecco perché volevo vedervi. È appena scivolata giù per le scale che portano al suo appartamento perché l'ascensore era guasto. Le stanno facendo degli esami: non so cosa siano, non mi hanno mai insegnato qualcosa in proposito.»

Tra noi si insinua un silenzio carico di interrogativi:

«Non capisco cosa dicono, però sento le correnti che emanano e ne deduco che non è grave. D'altronde la mamma non ha perso conoscenza, e vedo che non sta soffrendo: è solo scombussolata per quello che è successo, sapete: è una cosa che sento, direi, quasi fisicamente.»

«Rebecca, è la prima volta che dici "mamma" parlando di lei!»

La nostra amica non risponde, forse per pudore. In questo momento intuiamo in lei un sorriso appena accennato, un sorriso quieto che è come la chiave del suo cassetto dei segreti.

«Ma dove sei, Rebecca?»

«Vicinissima a voi, e vicinissima a lei: sono stata sloggiata così bruscamente dal mio corpo che non so più come fare a raggiungervi; vi vedo come attraverso un velo, ma non posso scendere di più. È come se un'energia proveniente dal ventre di mia madre mi respingesse. C'è uno scudo che mi impedisce di avvicinarmi a lei ed al vostro mondo, eppure non mi sono mai sentita così pesante, così densa. Da molto tempo a questa parte, è la prima volta che mi accade di sentirmi come abitata da un cuore fisico che continua a pulsare: mi sembra che si impenni, mi fa quasi paura.»

In un angolo della stanza, non lontano da noi, un uomo con gli occhiali di tartaruga osserva attentamente uno schermo: sembra perfettamente a suo agio, come uno che si limiti ad un esercizio di pura routine. Manifestamente conosce bene la giovane donna che è sdraiata sul tavolo massiccio, il cui piano comincia a muoversi lievemente, in un ronzio elettrico.

«Non temere, ci vorrà un attimo solo — le dice con voce rassicurante — ancora qualche minuto e abbiamo finito.»

Davanti a noi, lo schermo dell'ecografo si anima: inizialmente perduto in una folla di macchie che si spostano ritmicamente in tutte le direzioni, l'occhio finisce con l'individuare dei contorni simili alle linee di forza di un feto: i suoi movimenti lenti cedono talvolta il posto ad una brusca attività.

«... È vero, si muove senza di me!»

L'emozione di Rebecca traspare da questa sua esclamazione spontanea.

«Lo vedete anche voi: me l'avevano detto, i miei amici,

che il mio corpo poteva muoversi anche senza di me. Quando mi parlavano di questo movimento automatico non ci credevo... Le forze che provengono dall'assestarsi degli Elementi si incontrano, creando come delle scariche elettriche. Se ho capito bene, stiamo assistendo alla lotta tra Terra e Acqua che cercano il loro equilibrio rispettivo. La spiegazione che mi hanno dato è piuttosto strana: ogni Elemento cercherebbe di posizionarsi secondo un piano contenuto nel corpo eterico che, a sua volta, continua a costruirsi. La Terra e l'Acqua starebbero soltanto cercando di ottemperare ad un progetto preciso la cui trama è tessuta nell'etere.»

Malgrado la concentrazione con cui Rebecca ci spiega tutto questo, sentiamo in lei una tensione sempre più difficile da controllare.

«Scusatemi — finisce col dire — qui non c'è tutta la pace di cui ha bisogno la mia anima. Non che io stia soffrendo, sono certa che tutto andrà per il meglio, ma l'ansia di mia madre riesce a farmi venire un nodo in gola. Anche ora, sebbene io non abiti né nel mio corpo né nel suo, non passa neppure un secondo senza che lei ed io suoniamo lo stesso spartito: ciò che *lei* è sta diventando *me* a mano a mano che passano i giorni, e credo di sapere che continuerà così fino verso il settimo mese, dopodiché dovrei riuscire a manifestare una maggiore resistenza personale a tutto ciò che percepirò come un'interferenza per l'anima ed il corpo: sarò allora in grado di realizzare le mie stesse difese, e potrò ricostruirmi.»

«Ricostruirti?»

«Sì, forse vi sembrerà strano, ma a mano a mano che il mio feto si affina e si fa più denso, paradossalmente mi sembra che la mia coscienza abbia tendenza a disperdersi, e che a poco a poco perda la sua individualità, fondendosi in un flusso di energia che non le appartiene totalmente, ma che è quello del vostro mondo e di coloro che mi saranno vicini. Vedete, a volte mi sembra di diventare una spugna che si trasforma in ciò che sta assorbendo.»

Nella stanza in cui ci troviamo, nulla è cambiato nel frattempo: i ronzii degli apparecchi si sommano ad altri ronzii, formando un sottofondo a cui si aggiunge la voce quieta del medico. Per quanto non sia da molto che stiamo qui, in questa atmosfera ovattata, anche se troppo fredda per le nostre coscienze, abbiamo già fretta di andarcene: ci sono luoghi in cui tutto è come pietrificato, perché hanno visto passare troppi interrogativi, troppe sofferenze, troppe speranze deluse, che sono rimasti lì, come le perle di una collana.

La volontà di Rebecca, però, ci chiede di restare: nel tono della voce riconosciamo un suggerimento implicito, ma così insistente! In realtà, quanto a noi, ci sembra di essere i pessimi angeli custodi di una situazione in cui ci sentiamo assolutamente impotenti.

«Non c'è niente di drammatico, Rebecca!»

Ma Rebecca sembra non esserci più: probabilmente la sua coscienza si è lasciata invadere da un pensiero costruttore di baluardi, che la trascina nella sua sfera; è allora il momento di tacere, di far scaturire un po' più d'amore in silenzio perché né le argomentazioni né le parole possono vincere i loro simili. In momenti come questo il segreto sta nell'elisir del cuore!

Mentre ci scambiamo questa promessa di attesa discreta e quieta, un incredibile balletto si produce a pochi passi da noi: dapprincipio non vi avevamo fatto caso, ma ora ha una tale intensità che di per sé è un richiamo insistente. L'angolo della stanza in cui si trova il tavolo massiccio su cui è ancora sdraiata la giovane donna, agisce su di noi con la forza di una calamita: sicuramente è il punto più vivo del luogo in cui ci troviamo.

La materia del nostro mondo, osservata dal corpo della coscienza, rivela sempre la sua vita intima: le particelle che la costituiscono, così come i loro campi di forza, esercitano un vero e proprio fascino, offrendo lo spettacolo di un incredibile arabesco iridato e scintillante dai movimenti di sorprendente rapidità, uno spettacolo di cui non ci si sazia mai; è la danza di Shiva in tutta la sua maestà, la cui forza può trasformarsi di per sé in un insegnamento. Eppure qui non si tratta di questo, ma di qualcosa che si aggiunge ad esso, come in sovraimpressione: un qualcosa che sembra dotato di una densità luminosa e che avvolge integralmente l'angolo della stanza in questione. Ancora una volta sentiamo che il nostro sguardo deve modificarsi, abituarsi ad una sensibilità, ad una qualità di vita ancora diversa dalle altre: in realtà, è proprio il corpo della madre di Rebecca che attrae a sé questa ribollente attività luminosa; ci fa pensare ad un mantello che avviluppa tutte le sue aure, una cappa sorta dalle profondità della Vita e dalla quale sembra emanare una specie di nettare benefico. Appena prendiamo coscienza di tutto questo, appena ci abbandoniamo davanti alla bellezza di questa scena, veniamo penetrati da un dolce calore. Per la nostra anima, che in quel momento assapora una grande quiete, si sfumano sia la clinica che gli apparecchi rumorosi: rimane un essere sdraiato che fa il punto sulla propria situazione, e le cui più piccole tensioni perdono consistenza, un essere che vive uno di quei momenti troppo rari in cui si hanno davvero orecchie per intendere. Eppure nulla viene detto in parole, ed è proprio per quello che questi secondi hanno qualcosa di sacro.

Non ci rimane altro che sentire ciò che avviene dietro alla realtà che i nostri occhi sottili riescono a tradurre; infatti, il manto di luce che avvolge e consola la giovane donna proviene sia dalle profondità della Terra sia dal cosmo intangibile: è una sostanza morbida, come una nube di luce palpabile, come un'infinità di lingue fiammeggianti, come tante braccia che vengono a restaurare ciò che è stato distrutto dalla paura. La fisica dovrà un giorno dotarsi di termini diversi, che oggi soltanto la poesia può suggerire.

Dunque non ci inganniamo, dietro queste carezze di una certa materia alla materia del nostro mondo, si opera un'alchimia precisa che chiama in gioco forze e leggi per le quali nulla è effetto del caso, ma è, invece, effetto di una necessità che obbedisce ad una logica perfetta.

Più il nostro sguardo riesce a captare le fiammelle che osserviamo con attenzione, più queste si colorano di scarlatto e cercano di prender posto nella periferia del bacino della madre di Rebecca; a tratti, sembra addirittura che vi si perdano, come se venissero assimilate. La forza davanti alla quale ci troviamo si comporta come un alimento dotato di una sua propria intelligenza, che sa esattamente ciò che è bene fare e verso quale punto deve convergere.

Passano così alcuni istanti, come in un altro mondo, dove i come ed i perché non hanno senso, giacché cedono il passo all'evidenza.

Poi, a poco a poco, a livello dell'addome, nella luce sottile, si disegna una luce verde, dai contorni ben definiti: sembra che la figura eterica di un feto tenti di estrarsi da quella luce per adagiarsi sul ventre stesso della futura madre: probabilmente la giovane donna percepisce qualcosa, una specie di sollievo, di accettazione del presente o della propria comprensione profonda, perché il suo petto si solleva in una lunga inspirazione, seguita da un sospiro profondo.

«È strano — dice con tono monocorde ma perfettamente calmo — sento come un grande calore.»

Nel dire queste parole, si porta le mani alla bocca dello stomaco.

«È qui! E nel frattempo, è come se in me ci fosse una specie di vuoto... ma non è affatto sgradevole.»

«Non è niente; è solo un fatto nervoso... Ecco, adesso abbiamo finito, puoi alzarti, è tutto a posto.»

Il medico si allontana dallo schermo e si dirige verso il tavolo, occupando di nuovo pienamente il nostro campo visivo.

«Non ce l'ho fatta — mormora in noi in quel momento preciso la voce un po' esitante di Rebecca. — Volevo farle cenno attraverso lo schermo, girare una mano, un piede, la testa, non so... qualcosa per farle capire che la sentivo. Non ci sono riuscita, non sono riuscita ad entrare: c'è un guscio o in lei o in me che non sono riuscita a forzare!»

«Ma perché ti è venuto in mente di forzare, Rebecca? Hai visto cosa succedeva quando tua madre stessa ha accettato l'evento? Hai visto la bellezza delle forze che sono andate a lei, e forse anche a te?»

«Lo so, ma ho sempre la speranza di sfondare tutte le barriere!»

«Le barriere, o le barriere di sicurezza?»

Nello spazio che ci separa, si schiude un sorriso, a contrassegnare la fine di una tensione, come se venisse a prenderci per mano, per portarci appena un po' più in là. La nostra coscienza astrale penetra allora negli atomi di un muro, li fa propri, poi se li lascia alle spalle insieme al laboratorio; Rebecca ci ha attirati nel mezzo di una stanzetta bianca, quadrata, arredata con una fila di sedie bianche. Sua madre è già lì, di fianco al medico, come sperduta in un vestito troppo largo dai motivi geometrici; lì c'è anche un'altra donna, che getta incurante una rivista su un tavolo basso e, lentamente, a mano a mano che si inoltra nella conversazione, rilassa i tratti del volto; ci sembra di riconoscerla, l'abbiamo vista per strada.

«La mia futura nonna», annuncia Rebecca.

La donna, che non ha più di cinquant'anni, e immersa in un alone di un verde opaco, in cui circolano scie di fumo color giallo grigiastro.

«Poco fa dovevo essere come lei, ho avuto una tale paura! Non proprio per me... sentivo che tutto andava bene, ma per mia madre. Le sue aure si sgretolavano, e mi accorgevo che qualsiasi onda mentale avrebbe potuto intrufolarvisi: era diventata come un vaso poroso.

Sapete, ho cercato di guardare ciò che stava accadendo: naturalmente avete ragione voi, non era una barriera, ma una barriera di sicurezza. A volte mi sono rimaste certe reazioni automatiche, come riflessi di specchi deformanti! Non so se ve l'ho detto, ma quando mia madre è caduta, ero appena entrata nel mio futuro corpo: ne sono stata espulsa con violenza, senza capire cosa stava accadendo. Appena ho visto cos'era successo, ho cercato di precipitarmi da mia madre per dirle che tutto andava bene, ma il suo corpo mi respingeva: nello spazio di un secondo erano sorte mille barriere fra lei e me, e letteralmente rimbalzavo sullo schermo delle sue paure e dei suoi interrogativi. In realtà, ho capito solo ora fino a che punto ho dimenticato ciò che mi è stato insegnato a questo proposito.»

Continuiamo a non vedere Rebecca, ma giunge a noi un effluvio di dolcezza che ci suggerisce i tratti del suo volto, ormai in pace.

«Non puoi venire da noi?»

«Non ancora, non so se sono capace di farlo così in fretta; preferisco re-imparare a respirare qui dove sono, e parlarvi di ciò che mi ricordo. Credo che quello che è accaduto ora sia voluto, credo che i miei amici di lassù ne avessero il presentimento, e che anche in quest'occasione il loro desiderio sia che io possa servire.

Davvero, devo cominciare col dirvi che mia madre si sente un po' sola da qualche tempo a questa parte: mio padre è molto preso dal lavoro che lo appassiona, e non si rende conto che ciò che si sta costruendo dentro al corpo di sua moglie richiede ben di più della semplice attenzione o della tenerezza... È qualcosa che richiede partecipazione... un uomo non può accontentarsi di osservarlo dall'esterno.

Allora, vedete, inconsciamente mia madre ha elaborato una serie di immagini mentali che suggeriscono piccoli incidenti, possibili scenari per attrarre la sua attenzione; ho visto sfilare tutte queste immagini in lei, ma confesso che, fino ad oggi, non ci avevo creduto. La maggior parte degli incidenti si producono proprio così: sono come un grido di aiuto, appuntamenti che fissiamo con noi stessi o con gli altri, punizioni che ci infliggiamo.

Ora, posso dirvi e ripetervi che tutto è bello: provo il bisogno di dirvelo perché solo pochi istanti fa ho rischiato di dimenticarmene. È l'amore che conduce ogni vita, che ha voluto che venissi espulsa dal mio corpo nel momento della caduta di mia madre: se fosse stato altrimenti, la mia coscienza astrale sarebbe venuta in contatto con un *prana* viziato, generato dall'inquietudine di mia madre, che si sarebbe introdotto automaticamente nei vasi del mio organismo eterico.

Il corpo della mia anima avrebbe subito una specie di intossicazione, sarebbe caduto in un sonno profondo, simile a quello indotto da un forte neurolettico: come sapete, una coscienza che fluttua sui propri mari interni perde forza, e non è questo che vuole la natura, sicché ha previsto ogni cosa!»

«Ma quelle fiammelle scarlatte che fluttuavano sopra tua madre, quella magnifica energia che sembrava scaturire da ogni lato per avvolgerla e proteggerla, che cos'era?»

«Oh — riprende Rebecca con un'emozione ed un'esitazione in fondo alla gola — oh, è il Fuoco... È la prima volta che lo vedo così, che gli sono tanto vicina: cercate di capirmi, non intendo il fuoco che brucia nei camini, ma quella potenza così viva che anima tutta la materia. Parlo del Principio del Fuoco che è un grande costruttore. Come la Terra, come l'Acqua, bisogna vederlo ed amarlo quale Coscienza di Vita, Coscienza animata da centomila piccole anime onnipresenti, eternamente connesse con i bisogni di ognuno di noi; presto agirà sui miei corpi con la stessa intensità dei due primi elementi; oggi, ha soltanto risposto ad un richiamo.

Lo stampo eterico di un feto che riceve uno shock esige immediatamente dal corpo vitale della donna che lo ospita una massa di energia enorme per ritrovare il proprio equilibrio: quest'energia circola dalla milza della madre alla milza del corpo in via di costruzione, e quindi, vedete, viene a crearsi un vuoto nella zona della milza della donatrice. Il Fuoco che avete visto si presenta dunque come un unguento: è un'intelligenza carica di amore che sa perfettamente ciò che deve fare.

Tutta questa circolazione di energia appartiene ad un ordine logico, e il suo meccanismo non mi ha preoccupata; la mia tensione, ancora una volta, proveniva dall'impressione di parlare al muro, di amare un essere che non soltanto non aveva la minima capacità di percepire la mia presenza, ma che, con le sue tensioni, mi respingeva. Credo che in quel momento un solo uomo avrebbe potuto aiutarci, ed era il suo amico radiologo: avrei voluto che diventasse... il nostro agente di trasmissione. È abituato ad una forma del sottile, sa tradurre ciò che l'occhio non può percepire, e quando lo vedevo giocare con le onde e con le correnti, quando mi affascinava con i campi di forza che interpretava con tanta facilità, avevo voglia di gridargli: "Ma perché non mi ascolti, neanche tu? Perché fai tutto questo lavoro con amore, certo, anche con passione, ma comunque come se fossi un automa? Perché non vuoi vedere ciò che esiste dietro al tuo schermo?"

Avrei voluto dirgli anche che quando fa quel lavoro, c'è quasi sempre un'anima dietro di lui o al suo fianco: non l'anima intontita o incosciente di un futuro neonato, che ignora tutto, ma l'anima di un essere pienamente sviluppato che ha bisogno del suo amore, anche se lo vede per pochi istanti soltanto. Quest'uomo, vedete, era il solo che, in quei minuti carichi di interrogativi, poteva emettere abbastanza pace perché i baluardi di mia madre andassero in pezzi permettendomi di entrare in lei ed aprire un po' di più la porta della mia coscienza a quel Fuoco di cui lei aveva bisogno!

No, vi dico che i medici, in questo campo come negli altri, non possono accontentarsi di essere soltanto gentili e competenti: non è per questo che sono venuti. Nel paese della Luce da cui provengo, ne ho conosciuti in quantità, molti dei quali riconoscono di non aver compreso appieno l'occasione che la vita offriva loro per penetrare direttamente nell'amore.

Sento ancora in me gli echi e le immagini della Grande Pace; l'amore di cui parlavano quei medici non era affatto

un concetto filosofico: ne misuravano l'ampiezza, e l'hanno visto tutti, assolutamente tutti, come dono di sé.
Probabilmente sono incapace di parlarne. D'altronde, vi ho già offerto in tutti i modi lo spettacolo dei miei limiti... Ma volevo almeno aggiungere che quel dono di sé lo vedo, con tutti i miei fratelli di lassù, come il solo mediatore della Vita.»

Mentre riceviamo queste parole, la figura elastica ed i tratti del volto di Rebecca si disegnano progressivamente davanti a noi: la nostra amica ha nuovamente varcato la frontiera della non-fiducia, ha disinnescato i suoi desideri in tensione e ha preso di sua volontà la via del ritorno.

A dire il vero, è come ritrovarla dopo lungo tempo, perché da tre settimane almeno non avevamo più captato la luce del suo sguardo né raccolto fra le mani l'alito delle sue dita affusolate.

Immediatamente ci rendiamo conto che è cambiata: qualcosa, nei tratti del volto, ce lo suggerisce al di là di ciò che possiamo sentire di più sottile: forse ha la fronte più ampia, forse le guance un po' più rotonde...

È difficile dire di cosa si tratti. L'abito che indossa questa volta, tuttavia, non ci inganna: da solo, conferma una metamorfosi. Davanti a noi non abbiamo più una giovane donna vestita secondo la moda di una volta, ma un essere nuovo, con una fluida e lunga veste bianca: è un po' meno Rebecca e un po' più qualcun altro.

Probabilmente la nostra amica capta quel senso di sorpresa, ed istantaneamente risponde con un sorriso che diventa una risatina discreta, quasi imbarazzata: per un attimo, ci sembra di trovarci davanti ad un'adolescente la cui intimità è stata disturbata.

«Mi penso diversamente — dice soltanto; — se non altro, ci provo...!»

La piccola sala d'attesa con le sedie bianche è ormai deserta: i tre visitatori l'hanno abbandonata senza che ci facessimo caso, e lo spazio è ancora abitato da un silenzio pesante, tutto vibrante delle discussioni della giornata. Nel corridoio è rimasto soltanto il rumore di un carrello sospinto, a ricordarci che siamo sempre in una clinica.

Probabilmente fuori è già notte, e il cielo è rischiarato dal fiammeggiare delle insegne al neon... Che importa! Ciò che accade qui è così bello che vogliamo gustare appieno la gioia di trovarci come sospesi tra lo spazio ed il tempo, alla ricerca fiduciosa di una comprensione semplice e definitiva della vita.

«Già... — dice piano Rebecca, portandosi una mano sul petto come per trovare le parole appropriate. — Già, me lo sento dentro ciò che vedete di me: forse come un albero che perde le foglie ad una ad una... oppure che vive il dischiudersi dei boccioli: non so... Oscillo fra lo stupore e la paura: la metamorfosi è un tremito dell'anima, ed è questo che dovrete riuscire a descrivere, amici miei.

Sono ormai quattro mesi terreni che un corpo si modella per me come nella creta: di quando in quando vi si aggiunge un po' d'acqua, un po' di calore, un po' di peso. Ignoro quale sia lo smalto finale, ma possa il Cielo fare in modo che non sia del tutto uniforme, e che il mio vaso ed il suo contenuto conservino in loro qualche particella grezza e non levigata dai tempi umani. A mano a mano che passano i mesi, vedete, l'orizzonte dei pianeti sfila nella mia anima e la ridisegna, col passare dei mesi le cellule del mio corpo luminoso respirano in modo diverso e ridefiniscono ciò che credevano di aver immobilizzato in sé; questa struttura che va elaborandosi nel ventre di mia madre comincia a parlare al mio essere, a scolpire le sue linee future: d'ora in poi, vivrò di scambi... sono diventata un po' come mi suggerisce un feto laggiù sulla Terra, sono diventata ciò che la mia anima, a sua volta, imprime in quel feto... insomma, sono come un luogo di passaggio in cui la vita si misura da sé, e pone le sue stesse pietre miliari, una dopo l'altra. È giusto dire che l'anima preesiste al corpo nel quale abiterà, ma è anche giusto riconoscere che questo stesso corpo agirà sull'anima come una vernice: i vari strati di questa vernice sono quanto ora percepisco con molta chiarezza. Non intendo dire che i caratteri genetici offerti al mio corpo in questo momento già stiano modellando il mio comportamento o la mia fisionomia profonda, non è affatto così, ma essi mi trasmettono, con piccole pennellate, nell'intimo, informazioni che lasciano il segno, giorno dopo giorno. Il mio essere vero, tuttavia, è sempre lo stesso, e sarà lui ad esprimersi: guardate, già sta accettando di vedersi in modo diverso per le necessità dell'evoluzione.

Così, se ancora ieri vicino ai miei amici mi sentivo senza età, quasi invulnerabile e forte per tutto ciò che avevo accumulato nell'anima, oggi mi sento semplicemente giovane, pronta a dare un morso alla vita, ma attraversata da dubbi e debolezze anche se, a volte, ben dissimulati.

Naturalmente, mi direte, queste imperfezioni si concretizzano in fretta, ed io sono d'accordo con voi: sono loro, in primo luogo, che hanno generato il motore, la ragione stessa del mio ritorno: siamo tutti così, vedete...

Desidero sottolineare ancora questo concetto perché, in questi istanti, sento che la mia coscienza riceve il dono di una chiara luce... la Grande Vita ci schiude tutte le strade e ci manda avanti sotto ogni cielo, affinché anche la più piccola particella del nostro essere totale sia ripulita, e lasci che il sole emani a fiotti. È per questo che le forme che la vita ci propone diventano le nostre istruttrici, proprio come le circostanze stesse della nostra esistenza.

Coloro che cercano lo Spirito si consacrano facilmente "figli del Cielo" ma oggi vedo con chiarezza che il Cielo è nulla senza una matrice pronta a raccogliere e perfezionare i suoi slanci.

Allo stesso modo, contemplando mia madre sdraiata su quel tavolo e attraversata dalle correnti del Fuoco che si consolidava, dietro ai miei moti di impazienza mi dicevo che devo essere degna del corpo che la Vita mi sta preparando. D'ora in poi, accetterò pienamente l'idea di dover morire rispetto ad una falsa perfezione e di dover abbandonare la cassetta di sicurezza in cui ho avuto la gioia di immagazzinare una certa qualità di luce. Probabilmente avrò ancora delle impennate e vi imporrò i singolari fuochi di artificio del mio ego, ma la mia coscienza, in blocco, ha davvero cominciato il viaggio: accetto in piena conoscenza di causa i rischi della transumanza richiesta dalla vita. Non sarà, o perlomeno così spero, un "voglio ridiscendere per compiere questo e quest'altro", ma piuttosto un "torno in quell'altra mia casa per sgrossare la mia anima".

Questi nuovi mesi rappresentano un'iniziazione che non voglio perdere a causa dell'orgoglio, dell'impazienza o della paura: ecco perché vi chiedo soltanto di farmi comunicare con quanto di terrestre portate con voi; ho bisogno di respirare l'aria degli umani per accettare il mio corpo, giacché è carico del profumo della terra arata.

Tutti noi che torniamo alla Terra, sia per la centesima o per la decimillesima volta, abbiamo bisogno di esteriorizzare un appello alla materia e a coloro che la abitano; sentiamo la necessità urgente di lanciare come una linea telefonica oltre la "frontiera", non per chiacchierare, non per dire obbligatoriamente parole, ma per far circolare onde d'amore.

Per noi che abbiamo lasciato la Terra e non l'abbiamo ancora raggiunta di nuovo, le sue montagne, le sue valli, i suoi mari ed i suoi popoli, rappresentano l'Aldilà, vedete, con tutto ciò che vi è di fosco, di sospetto, con tutte le paure e tutte le illusioni che ne derivano.

Un vecchio che sta per lasciare il corpo, molto spesso cambia espressione quando percepisce le prime onde dell'altra riva; ebbene, allo stesso modo, quelli che si preparano a calarsi nei panni di un neonato hanno dovuto accettare di abbandonare una certa loro idea di eternità... ed anche una definizione di loro stessi.

Molti, in un senso come nell'altro, sono coloro che si credono sull'orlo di un abisso in cui tutto si cancellerà; io ho la paura di quelli che stanno sul sagrato di un tempio: a volte questa cosa mi stimola, a volte mi blocca.

Questa veste che mi vedete addosso, non l'ho voluta io: si è tessuta da sé senza che vi facessi caso, probabilmente ispirata da qualche angolo segreto della mia coscienza, traendo il materiale di cui è fatta dalla luce in cui siamo immersi. Dovete ricordare che tutto avviene così, che esiste un'intelligenza che va accettata e non analizzata.»

Rebecca si interrompe all'improvviso, e sembra che i suoi occhi diventino più grandi, più penetranti nell'esprimere la sua lucidità.

«A dire il vero — riprende — mi sento come una che fa la prima comunione e che sta per essere festeggiata, e che, a torto o a ragione, si sente investita di una nuova saggezza... Ma anche colpevole di pesanti esigenze. A quando, la prossima metamorfosi della mia anima? Non lo so: bisogna che mi lasci trasportare dai suggerimenti dello stampo del mio corpo, che accetti di tuffarmici senza giudizi né secondi fini: tener le redini, pur lasciando la briglia sciolta... questo è il segreto!

Per ora, ritrovare la giovinezza, lasciare che il tempo me la imprima nel cuore, che mi instilli ancora il gusto amaro di un regresso: forse è un regresso, ma voglio viverne la necessità come se fosse un trapianto.

Sì, la nascita è un trapianto dell'anima!»

Tutte queste parole sono uscite sull'onda di un entusiasmo comunicativo, ed eccoci attratti vicino a Rebecca in quello spazio fra gli esseri che non appartiene né agli uni né gli altri, ed ha qualcosa di luminoso, come un liquore che gli amici bevono insieme.

C'è qualcosa in lei che ora cerca di condurci fuori da questa stanza in cui tutto è ormai immobile: sembra che la sua volontà ci avvolga per aprirci l'accesso al suo viaggio; cosa dunque desidera, con tanto ardore, Rebecca? Bisogna dunque che seguiamo il suo itinerario anche lungo il più insignificante dei meandri?

Il suo desiderio è un flusso di calore che si fa pressante, contro il quale la nostra anima non vuole lottare: bisogna accettare quella sua carica lieve, quel suo slancio di gioia che cancella i muri e ci rende simili ad una nota in cerca del suo posto sul pentagramma. Un turbine ci risucchia. Ora ci troviamo dentro ad una bolla, incapaci di distinguerci realmente gli uni dagli altri, in uno spazio che non ha nulla di conosciuto: forse questa bolla non è null'altro che il sostegno della mente, il codice d'accesso ad un punto di coscienza che esplora e memorizza... Ecco... la bolla si dilata e diventiamo come un unico occhio all'interno di un'automobile, una macchina grande ed impersonale, probabilmente un taxi.

La madre e la nonna di Rebecca sono qui, tranquillamente sedute sul largo sedile posteriore di velluto grigio, e sembrano discutere di cento argomenti quotidiani, mentre fuori sfila la città come un balletto cangiante, sapientemente diretto. Qui e là, all'angolo delle larghe strade, un gruppetto di palme svetta verso il cielo sotto le luci di infiniti proiettori; sicuramente l'oceano non è lontano. Tra un isolato e l'altro, l'occhio sembra cogliere talvolta un'inattesa linea dell'orizzonte, e scopre lo scintillio incantato dell'acqua, che suggerisce un'immensa baia.

«Devo restare con lei ancora un po'... — la voce di Rebecca si insinua di nuovo in noi, sospinta da una volontà serena. — Devo darle qualcosa, e anche lei ha bisogno di stare vicino a me, anche se non lo sa.»

«Cosa vuoi, Rebecca?»

La risposta della nostra amica ci giunge come un mormorio, come la timida confessione di un essere che, per la prima volta, riesce ad esternare uno slancio d'amore.

«Vorrei curarla, consolarla un po'...»

«Ma perché tutto questo imbarazzo? Nessuno ha paura di esternare la collera, e allora perché bisognerebbe dover trattenere una luce che vuole emanare dal cuore?»

«Non so se riuscirò a farmi capire... È il mio primo atto concreto verso la vita di questo mondo, il mio primo atto d'amore verso mia madre... Credo che d'ora in poi "l'adotterò" definitivamente; il dovere ed un vago ricordo di

un legame indefinito hanno lasciato il posto a qualcos'altro...
Siete voi che me l'avete detto... l'ho chiamata "mamma", vero? Allora adesso voglio curarla, voglio lanciare verso le sue rive una barca ricolma di tutto ciò che io sono; e forse mi percepirà meglio...

Sapete, non voglio curarla per questa caduta, né per una malattia qualsiasi: voglio darle la mia forza perché si trasformi e perché, come tutte le donne che vivono ciò che lei vive, la sua anima ed il suo corpo a volte hanno bisogno di un balsamo. Lei mi dà un corpo, allora io le offro il mio respiro.

Vorrei che diceste alle donne e agli uomini che coloro che tornano, a volte li prendono fra le braccia ben prima che loro stessi possano farlo: abbiamo ricevuto degli insegnamenti per questo, e il nostro cuore fa il resto.»

«Vuoi dire, Rebecca, che l'anima del futuro bambino si prende cura della madre?»

«Non soltanto del corpo, ma anche del suo essere profondo. Ci sono dei mondi di coscienza interamente aperta in cui si imparano queste cose... aiutare la natura nel suo compito sarà uno dei grandi obiettivi dell'umanità a venire. Questo aiuto può cominciare così, molto semplicemente... Molto tempo fa, credo, uno dei miei amici di luce mi ha detto "la Vita ha fatto indigestione di spettatori; perché essa stessa è azione, e perché l'Amore è azione."

Se ho sperato che poteste accompagnarmi fin qui è per testimoniare di tutto questo: questo dono che vorrei fare a mia madre, è qualcosa che qualsiasi essere capace di amore può offrire ad una donna durante la gravidanza... Mi piacerebbe tanto che poteste raccontare questo modo di agire, che non richiede nessuna tecnica, nessuna attitudine a dispensare cure, ma soltanto la purezza del cuore ed un po' di amore: guardate e sentite dentro di voi, vi prego.»

Nel grande veicolo che scivola impassibile sull'asfalto delle vie cittadine, qualcosa è cambiato: le due donne tacciono, e fra di loro si tesse la trama di un silenzio vivificante; probabilmente la presenza di Rebecca accarezza la loro coscienza, forse tra di loro si fa posto per la magia di quel momento.

Di quando in quando, lo scintillio delle scie luminose della città, dei fari delle auto, viene a colorare stranamente i tratti del loro volto, per poi scomparire.

Allora, ancora una volta, la nostra coscienza sembra espandersi: siamo soltanto un punto che guarda, pensa, sente, ed ecco che da questo momento lunghe fiamme color malva vogliono scaturire da questo punto, come braccia capaci di agire.

«Guardate, sentite — ripete Rebecca — è un'anima intera che viene a curarla: questa luce che vedete, è quella che sgorga da ogni portatore intenzionale di pace e di consolazione. Un corpo che ne sta costruendo un altro spesso ha bisogno di essere consolato, sapete... Non perché sia ammalato, né perché sia triste: non è di questa "consolazione" che parlo, ma di una forza di coesione per il corpo e l'anima le cui energie sono in perpetua rivoluzione.

Guardate... ora poserò le mani sulle zone del suo corpo che hanno bisogno di pacificazione e della libera circolazione della vita, perché nel corpo sottile di una futura madre ci sono dei punti in cui quello che chiamate *prana* a volte si attarda e ristagna. Bisogna conoscerli. Dite a coloro che vogliono ascoltare, che si tratta in primo luogo del sacro e della nuca. Questi due centri devono essere riconciliati simultaneamente, con una mano su uno e l'altra sull'altro; poi ce n'è un terzo, un po' sopra l'ombelico, che merita attenzione: è un punto in cui si ancora la coscienza, sicché bisogna insufflarvi la stabilità, applicando il palmo di una mano sul corrispondente punto dorsale, e il palmo dell'altra mano sul lato addominale.

Poi, ci sono i centri della fronte e della pianta dei piedi che chiedono di ricevere la loro parte di luce... ma ho la sensazione di dispensare un metodo molto arido e molto povero, facendovi questa lista. Vorrei dirvi... quando mi hanno insegnato tutto questo ho chiesto ai miei amici: "Tutto qui?" Allora si sono messi a ridere davanti a questo interrogativo che esprimeva un bisogno di complessità... "Sì, tutto qui", hanno esclamato. "Difatti non è un atto terapeutico, ma un gesto d'amore totale, molto più grande di altri gesti d'amore. Le strade di questo amore sono sempre semplici, perché parlano secondo una logica infantile." Per favore, siate precisi quando riporterete tutto questo, perché nessuna comunione è tanto esigua da non meritare di essere proposta.»

Rebecca è ora soltanto un'energia che offre se stessa... La luce color malva del suo essere ha riempito tutto l'abitacolo dell'auto, poi si è concentrata sul sedile posteriore, intorno ad una figura abbandonata. La giovane madre lentamente ha chiuso gli occhi, ha emesso un lungo sospiro, perché questo è il momento in cui tutto avviene.

Allora, nel chiarore che l'avvolge hanno incominciato a danzare forme in movimento, come sotto la bacchetta di un direttore d'orchestra: tutto prende un ritmo contemporaneamente preciso e indefinito, perché ogni fascio di luce conosce la propria destinazione prima di riversarsi nel Tutto.

Ci sembra che il viaggio potrebbe continuare in eterno senza che nessuno se ne stanchi, ma lo sguardo del tassista nel retrovisore ha deciso altrimenti, e la sua voce burbera suggerisce altre realtà...

«Allora, si è addormentata, la signora... siamo arrivati!»

CAPITOLO 5

Febbraio

«Chi può dire cosa sia l'anima, amici miei? Chi di voi può dirmelo?»
L'essere che così si esprime percorre l'assemblea con uno sguardo infuocato: ha la pelle abbronzata, la chioma scurissima e ci ricorda un indiano d'America, contemporaneamente fiero, umile e misterioso; non sappiamo chi sia, e neppure quale sia il suo ruolo. Quando abbiamo risposto nuovamente all'appello di Rebecca, pochi istanti fa, ignoravamo tutto del luogo in cui ci attendeva: non appena la luce ci ha proiettati al suo fianco ed abbiamo potuto percepire la freschezza delle sue mani, quello spettacolo così strano ci ha tolto ogni voglia di fare domande.

Allontanandosi dall'essere dai capelli bruni, i nostri sguardi percorrono ora lo spazio che ci accoglie: a dire il vero siamo forse in due o trecento, riuniti in una vasta sala a forma di mezzaluna; del suo perimetro, l'occhio può captare soltanto una tripla fila di colonne bianche che svettano verso una volta indefinita. La luce che avvolge ogni cosa è azzurra, di un azzurro molto tenue, ed è di per sé un conforto, una materia viva che rende questo luogo simile ad un vero e proprio scrigno nel quale ci sentiamo bene.

«Che cos'è dunque l'anima? — riprende quell'essere. — È forse un soffio che lascia il corpo quando sopraggiunge la morte? Ma ditemi, allora che cos'è la morte? E dove sono i morti? La morte è sempre ciò che si nasconde dall'altra parte del velo, qualunque sia il lato in cui ci si trova. È quel punto esclamativo, quel punto interrogativo, quel punto di sgomento, quel possibile paese per il quale spesso ci sembra di non poter mai avere il visto! È proprio per questo visto, amici miei, che vi ho chiamati qui, affinché possiate imprimere in voi il più bel lasciapassare che si possa immaginare. Non sarò io a darvelo o ad imprimervelo nel cuore, siatene certi. Tutto sommato, sono soltanto una specie di... segretario per l'immigrazione, se mi è concesso di esprimermi così. Non faccio altro che iniziarvi di nuovo ai segreti della Terra.»

Un mormorio divertito percorre istantaneamente tutta l'assemblea.

«È uno dei nostri fratelli maggiori — dice Rebecca, la cui presenza ora si rivela più compiutamente al nostro fianco. — È sempre così: grave, penetrante, dolce e contemporaneamente divertente!

Riunisce regolarmente in questo luogo alcuni di coloro che rinasceranno alla Terra e che sono nel contempo affini tra loro e rispetto alla sua propria sensibilità. Per quel che mi riguarda, sarà probabilmente l'ultima volta che lo vedo: il mio corpo fisico è ormai così avanzato che mi è stato molto difficile ritornare qui. Quelli che vedete non sono tutti allo stesso stadio di ritorno.»

«Amici miei, — riprende l'essere dal volto abbronzato — come sapete, non è per farvi digerire una conferenza che vi ho chiamati qui ancora una volta. La mia parola vale solo per ciò che di vivo suscita e risveglia in voi, solo se è utile per mettervi fra le mani degli elementi costruttivi. Comprendere non significa soltanto registrare, ma portare con sé una luce e poi, a propria volta, dinamizzarla.

Se vi ho chiesto cosa sia l'anima non è perché facciate un esercizio intellettuale né per invitarvi a frugare fra i ricordi, ma per prepararvi più concretamente alla grandezza di ciò che vivrete... o di ciò che state già vivendo.

Al di là del velo che varcherete fra non molto, ognuno

pensa ci sia un corpo eventualmente abitato da un'anima. Al di qua di questo velo, cioè qui, ognuno pensa invece che esista un'anima, e che questa un giorno o l'altro sarà obbligata ad indossare un corpo...

Così, al di qua e al di là del velo, che fate, tutti quanti? Perpetuate la separazione, riseminate il dualismo. Come vanno, invece, le cose? In questo preciso momento, non siete né un'anima né un corpo, ma una fonte di Vita che ha generato una personalità momentanea con una forma altrettanto momentanea. Questa è la vostra anima, questa fonte di Vita che ancora non vedete e che è simile ad una memoria favolosa: non è dunque l'apparenza attraverso la quale in questo momento mi ascoltate che scenderà di nuovo in un altro abito, ma un insieme di realtà, un insieme di strati di coscienza che adombreranno un insieme di particelle dense. Non vi siete ancora ricongiunti con la vostra anima, non vi siete ancora trovati faccia. a faccia con essa, ed è per questo che preferisco che la conosciate oggi. È importante che ne conserviate un'immagine più forte e più vera anche al di là della grande traversata: non che questa sia il vostro scopo, ma rappresenta una tappa che dovrete saper individuare, discernere e poi oltrepassare. Il mio compito, oggi, è seminare in voi una volontà considerata sacra da tutti coloro che hanno la responsabilità di questo mondo, la volontà di preservare in sé il ricordo dell'interezza di ciò che siamo, la volontà di superare, in ogni momento della vita che si apre davanti a noi, la dimensione ristretta della personalità incarnata, la volontà di operare su se stessi per poter operare sull'universo.

Ciò che chiamate "anima" comprende soltanto le realtà inferiori, cioè il vostro organismo emotivo, la vostra dimensione mentale, la vostra memoria causale. Questo è tutto quanto si incarna in voi, nel modo più denso, e imbroglia le carte. Così, ciò che chiamate "anima", dovrebbe essere chiamato più propriamente "anima-personalità". È il regista di colui che si identificherà con la massima serietà nella sua maschera transitoria; è anche l'ego, questa specie di argilla, questa pasta per modellare che subirà la mano di tutti i viaggiatori, di tutte le correnti che incontrerà sulla sua strada.

Il mio scopo, amici miei, è che il futuro neonato che diverrete abbia questa verità ancorata in sé, onde possa transitare dal ventre di sua madre al mondo degli umani con questo ricordo solidamente radicato nel cuore.

È qui che si gioca la partita. Il mio scopo è che il massimo numero possibile di voi possa nascere cosciente, mantenendo questa coscienza fuori dalla nebbia il più a lungo possibile.

E di un fatto potete essere certi: che i primi mesi dopo la vostra nascita sulla Terra saranno decisivi per la vostra anima-personalità: la vostra facoltà di risveglio, la vostra volontà d'amare, la vostra determinazione nel trattenere il "ricordo", fin da subito definiranno la posizione del vostro sole interiore; da allora in poi, non avranno molta importanza le circostanze del vostro ritorno perché la vostra apertura di coscienza sarà la vostra bussola. Manterrà segretamente stabile in voi l'asse principale della vostra direzione, e ad esso vi ricondurrà continuamente, malgrado tutti i meandri dell'esistenza.

La mia più grande speranza è che voi non nasciate sulla Terra così come si sprofonda nel sonno: il vostro ritorno non sia un naufragio, ma un attracco voluto e preparato!

Alcuni fratelli, in questo mondo, non hanno ancora questa vostra grande occasione: sono ancora giovani nella forza d'amore, deboli nella loro capacità di aprire gli occhi. Chiedono veli ed ancora veli, drappeggi, vesti... si servono persino di sonniferi... o di tonificanti dell'ego.

Non dimenticate che se non li incontrate qui, li ritroverete presto lungo le strade della Terra e vi chiederanno, senza saperlo, se avrete saputo preservare il "ricordo". Se penserete di doverli spogliare dei loro abiti bestiali, sappiate che avranno lo stesso compito nei vostri confronti.»

Rebecca si china verso di noi, e ci mormora qualche

parola, percorsa da una forte emozione:

«Ecco che cosa volevo dirvi... voglio nascere cosciente... siamo sempre di più a volere e a poter scendere così, ed è questo che ci aiuterà a ridar forma e forza al mondo che sta andando in pezzi. Ormai, credetemi, bisogna che i genitori sappiano captare le parole del loro neonato, e gli dicano qualcosa come "ti capisco, indovino le immagini che porti ancora in te". Ma che non ne facciano per questo un adulto nella loro mente galoppante, che non lo trasformino né in maestro né in una creatura onnisciente... è pur sempre un bambino! Dovranno però intuire in lui una memoria che non andrà ostacolata... So anche troppo bene che quando mi sarò fusa con il mio corpicino comprenderò lo sguardo che mi comprenderà, non quello che accontenterrà tutti i miei capricci, che sobbalzerà al minimo pianto, ma lo sguardo che si tufferà nei miei occhi, senza paura e senza volontà di frugarmi l'anima, per dirmi soltanto qualcosa come "la porta è davvero aperta".»

Mentre Rebecca riversa in noi queste parole, progressivamente cala un silenzio bello e profondo sulla numerosa assemblea; allora, i nostri sguardi percorrono le colonne, percorrono i visi degli astanti; coloro che si trovano riuniti sotto questa volta semplice e maestosa, sembrano tutti senza età... neppure una ruga sulla fronte, non un segno di amarezza agli angoli della bocca, nessun peso a curvar loro la schiena... sono tutti qui, come appezzamenti di vita disponibili. Questi profili, questi volti, questi occhi offrono tutti qualcosa di identico, una sorta di folata di aria pura che li riunisce in un'unica famiglia. Eppure, a vederli così, donne, uomini, bambini... quante differenze si potrebbero trovare! Ognuno di loro riassume, in sé, mille storie, mille vite e altrettante speranze.

Ancora una volta imparano a nascere così come dovremmo tutti imparare a morire, cioè con serenità e con gioia fiduciosa.

Sotto i raggi della luce azzurra che penetra fra le colonne, l'essere dalla capigliatura bruna d'un tratto solleva il volto e riprende la parola.

«Questa vita alla quale andate incontro, possa condurvi al di là dell'ego: sappiate che le circostanze nelle quali vi troverete vi porteranno alla presenza del vostro stesso guardiano, intendo dire il guardiano della vostra anima vera e propria. Potrete sempre scegliere se riconoscerlo come tale, cioè sorridergli, oppure se guardarlo come un nemico, ovvero non guardarlo affatto. Non aspettatevi di incontrare questo guardiano dopo una lunga preparazione cosciente e in circostanze solenni o romanzesche: forse verrà e non avrà volto, verrà inaspettato perché è una massa di energia nata da voi stessi. È l'ultimo baluardo che il vostro orgoglio ed il vostro egoismo hanno costruito di vita in vita, e che infine offrirà lo spettacolo delle sue mura sbrecciate affinché le abbattiate a forza di amore, di volontà e di pazienza.

Sarà un appello interiore, che potrete ascoltare o soffocare, sarà forse la vostra firma, che avrete il coraggio di apporre oppure di rifiutare.

Sarà l'istante infinitamente sfaccettato che vi offrirà l'opportunità di ricordarvi di ciò che non siete. La vostra anima, amici miei, sta al di là delle ultime resistenze dell'ego che vi fa ancora agire, è la quintessenza nobile e forte di ognuna delle vostre personalità transitorie, la porta del Sé, l'anticamera del vostro Spirito.

Così, nel rivolgermi a tutti voi, non penso in realtà a delle anime, ma ad individualità temporanee che hanno assunto una certa forma, certe caratteristiche per ritrovare più facilmente il loro asse. Bisogna che imprimiate tutto questo a caratteri d'oro sul vostro "foglio di via" affinché questa verità resti come un gioiello incastonato nel cuore ogni volta che entrerete nel vostro nuovo corpo.»

Mentre quest'entità così si esprime ed insegna, prendiamo coscienza in modo più acuto della nostra posizione rispetto alla sala: nel grande chiarore azzurro, siamo seduti tutti per terra, non su un pavimento ma sull'erba. Rebecca ha immediatamente recepito la nostra sorpresa ed il nostro senso di meraviglia, e come se comprendesse d'un tratto la potenza di quest' unione fra la natura ed una realizzazione umana, si mette ad accarezzare l'erba con la mano.

«È questo che si dimentica in fretta, vedete, quando non si è ancora *nella* propria anima. L'opportunità di vivere qui, dove tutto è unito secondo gli auspici del cuore, si cancella con la stessa facilità dell'opportunità di vivere sulla Terra: allora ridiscendiamo indefinitamente, finché più nulla si offuscherà, finché si smetterà di sperare sempre in "qualcos'altro". È quando si cade nei terreni paludosi dell'abitudine che si invecchia e si muore...

Volevo portarvi qui perché poteste condividere con me uno degli ultimi veri contatti che avrò con questo mondo, ed anche per mostrarvi quest'essere che è, probabilmente, una delle nostre più grandi guide: è un uomo come tutti noi, ma ha saputo incontrare se stesso mentre noi continuiamo a dormire. Anche lui ritornerà sulla Terra quando le circostanze saranno opportune, ma a dir la verità non so niente di lui: dacché seguo il suo insegnamento ho notato che cerca continuamente di rimandarci a noi stessi, cioè di far piazza pulita intorno a noi di tutti quei supporti nei quali credevamo, fino ad ora, come se fossero certezze incrollabili o verità assolute; così, ancora poco tempo fa, mi immaginavo che quanto più fossi avanzata nella comprensione degli ingranaggi della vita, tanto più avrei percepito con precisione la loro complessità... E invece non è affatto così, anzi è proprio il contrario: scorgo sempre meglio quanto sia grande la semplicità che presiede ad ogni cosa.

In altre zone di questo mondo ci sono luoghi in cui ci si diverte ancora ad immaginare una certa tecnologia per riprendere un corpo di carne ed ossa: sono come cliniche, in cui ci si comporta come se si dimenticassero le caratteristiche fondamentali delle modulazioni e delle metamorfosi della vita; ma questi luoghi esistono solo per chi ne ha bisogno, per chi li trova rassicuranti rispetto alle proprie facoltà di trasformazione. Vedete, qui ci insegnano piuttosto a stare da soli, ovvero con il Principio che muove l'intero universo.

A sentirmi parlare di queste cose mi viene da ridere, perché mi rendo conto che sto recitando una lezione che non ho ancora assimilato perfettamente... non appena mi appresto a spogliare un po' di più la mia... anima, mi intimorisco e mi affretto a ricostruire un po' di stampelle a cui aggrapparmi! Credo che imparare a vivere così come ci viene chiesto, sia come sfogliare lentamente il fiore delle false certezze... Dobbiamo sapere che cosa significa camminare nel vuoto, prima di comprendere che il vuoto stesso non esiste.»

«E ora vi parlerò di quel famoso atomo-seme...» La voce dell'istruttore dalla chioma scura come il giaietto rimbomba con forza fra i colonnati; Rebecca si è raddrizzata e nel suo sguardo leggiamo una fiamma sulla cui natura non possiamo ingannarci, una fiamma che parla di cammini che si incrociano e di uno scopo percepito più chiaramente.

«L'atomo-seme è una memoria, una prodigiosa, favolosa memoria che lo Spirito da cui tutti siamo nati ha instaurato e poi sviluppato nelle anime che ha generato. Quest'atomo è il riassunto delle vostre origini congiunto alla somma totale ed infinitamente precisa delle esperienze che, fin dall'inizio, le vostre origini hanno generato. Ma, amici miei, permettetemi di farvi avanzare nella comprensione di tutto questo: quando menzioniamo questa realtà, parliamo sempre di "atomo-seme" in modo un po' troppo schematico; il vero "atomo-seme" a disposizione di un'anima, si suddivide a sua volta in tanti atomi-seme quanti sono quelli richiesti dall'ego per l'incarnazione.

Esiste dunque un atomo-seme per il corpo fisico, uno per l'organismo eterico, uno per il corpo emozionale e così via, per tutte le manifestazioni dell'anima personalità; ognuno di questi atomi, vedete, è un accumulatore di informazioni che continua ad essere identico a se stesso (sebbene sempre più carico) da un'esistenza all'altra. Tutti gli atomi-seme, tutte

I nove scalini

le loro memorie convergono per fare di voi ciò che siete o ciò che sarete. Alcuni di essi si uniranno così strettamente che si finirà col confonderli. Per esempio, quella che sulla Terra viene chiamata "memoria cellulare" rappresenta il frutto dei dati dell'atomo-seme eterico e dell'atomo-seme fisico. La memoria cellulare è la risultante delle tracce (più spesso si tratta di cicatrici) che hanno lasciato le varie vite sullo stampo vitale e sulle cellule materiali di cui lo stampo ha permesso lo sviluppo. Questo vi permette di capire meglio il perché della cosiddetta "reazione epidermica" che non è necessariamente, in primo luogo, la conseguenza di un'emotività mal controllata.

L'atomo-seme del vostro corpo fisico che si sta attualmente elaborando, amici miei, è stato nuovamente insufflato nel mondo materiale attraverso il seme di vostro padre. Questo seme, vedete, ha raccolto il vostro atomo-seme fin dal concepimento astrale che ha preceduto il concepimento fisico.

Ma già mi aspetto una domanda... no, chiarite tutto quanto dentro di voi: l'atomo-seme del corpo fisico non veicola informazioni di natura genetica; la genetica è tutta un'altra faccenda.

Attualmente i vostri simili, sulla Terra, direbbero che ogni atomo-seme è di per sé una "banca dati" proveniente da un livello di vita e di coscienza ben specifico. Dovete sapere che se le caratteristiche fisiche di un essere si ritrovano talvolta di esistenza in esistenza, è proprio perché l'atomo-seme del corpo fisico si esprime pienamente e viene ad essere sostenuto nella sua manifestazione dagli atomi-seme di altri corpi, soprattutto se questi sono stati fortemente marcati da circostanze particolari. Così, certe macchie sul corpo fisico sono soltanto la ritrascrizione di ferite profonde che datano della vita precedente.

Esiste un mezzo per disattivare l'azione della memoria cellulare, e questo mezzo, amici miei, è ancora a vostra disposizione fintantoché non prenderete pienamente possesso del vostro feto. Il suo nome non vi farà più ridere come sarebbe accaduto in altri tempi... già l'intuite, si chiama Amore, Amore degli altri in voi stessi, Amore di voi stessi attraverso gli altri, Amore della Vita. È l'Amore che può ancora guarirvi da un senso di colpa, da un vecchio rancore o da certi risentimenti tenaci che congelano il dispiegarsi dell'anima.

È l'Amore, infine, che disinnesca l'emozione animale e le circonvoluzioni perverse della mente che danno via libera alle manifestazioni della memoria cellulare.

Portate la pace nel vostro cuore, e la porterete al vostro corpo; portate la pace a coloro che vi accoglieranno, e la porterete al vostro cuore. Smettete di essere come gli scorpioni che si rivoltano contro se stessi e si pungono con il loro stesso pungiglione! Attraversate il fuoco del perdono. Siete qui riuniti perché avete percorso una certa strada che vi permette non di ascoltare queste cose, ma di intenderle; siete qui riuniti perché vi apprestate ad investire un corpo di cui potrete tenere le redini un po' meglio di un tempo. E adesso che dovete ancorare fermamente in voi la volontà di non subirne le passioni: ogni volta che vi tufferete nel ventre di vostra madre, la Vita d'ora in poi vi chiederà di dire di no al maremoto dell'ego. Per questo, bisogna che nel momento in cui le vostre palpebre si apriranno sul sole degli uomini, i vostri occhi possano riflettere per sempre la volontà dell'Astro mille volte più potente.» Queste ultime parole sono come fiori che restan immobili nel cuore di ognuno di noi. La muta assemblea ora sembra vibrare di un silenzio ancora più intenso. Rebecca, invece, ci rivolge uno sguardo malizioso, le sue labbra tremano appena, come a trattenere un grido, un canto... è così contenta di averci condotti qui, spettatori muti e trasparenti di questi rari istanti, fra coloro che varcheranno la soglia.

L'essere dai capelli bruni si è infilato fra le colonne bianche ed è scomparso nel cuore della folla che l'ha seguito in un quieto disordine.

In una frazione di secondo, sentiamo che Rebecca non è più al nostro fianco: la sua figura felina, che ci sembra più giovane, ancora più adolescenziale di un attimo fa, si indovina appena fra i suoi compagni di strada... Ovunque ci sono risa ed abbracci, scambi di fiotti di luce, una possente gioia di vivere capace di travolgere ogni cosa.

Dove sono dunque quei volti compassati, quelle andature tristemente raccolte, quegli sguardi sperduti in una misteriosa lontananza che ci vengono promessi ogni volta che si parla dell'"altro mondo"? Non esistono! Qui, sono scomparsi insieme ai dogmi, se ne sono andati, evaporati dietro la Vita che si esprime e vuole ritrovare se stessa così com'è.

Oltre il perimetro dei colonnati l'erba tenera continua, forma delle lingue che finiscono nella sabbia; e poi sabbia, dune a perdita d'occhio. Che strano paesaggio si sono divertiti a scolpire gli esseri di luce! Suggerisce una serena solitudine proprio in un posto tanto affollato.

«Non pensate anche voi che la nudità della sabbia è un logico preambolo al silenzio dei mondi interiori?» Ecco di nuovo Rebecca al nostro fianco... ma si può dire davvero che ci abbia lasciati? Il corpo della coscienza volteggia con tale destrezza, che il semplice occhio umano vi vede sempre un prodigio.

«I miei amici sono già tornati a casa loro — riprende Rebecca. — Ora si trovano nel bozzolo che il loro cuore ha tessuto fra la Terra e qui; questa, per noi, è stata una pausa, come una riunione di famiglia, allo scopo di ricordarci i nostri appuntamenti e le nostre promesse.»

«Un attimo fa hai detto "la Terra e qui", ma, giustappunto, che cos'è per voi "qui"?»

«Non so... francamente, non abbiamo un nome per questo. In realtà, abbiamo sempre la sensazione di essere sulla Terra. A dire il vero, a mio parere ci siamo esattamente come voi: di queste due realtà ce n'è forse una più vera dell'altra? Tutto avviene "più in su", l'ho capito benissimo.»

«Rebecca, abbiamo visto che questo mondo corrisponde

ad esseri che hanno già avuto la possibilità di affinare maggiormente il loro concetto di Vita; sapete tutti, quindi, che state tornando sulla Terra. Ma probabilmente non è così in altre sfere di coscienza; puoi parlarci di questo?»

«Non soltanto posso, ma sono felice di parlarvene, tanto più che questa nozione di ritorno nella materia all'inizio non è stata facile per me. Per un certo tempo non sono riuscita a comprenderla né ad accettarla, e devo dire che a molti di noi è successa la stessa cosa.

Nell'ambiente in cui ho vissuto, non c'è stato assolutamente nulla che mi abbia preparata al concetto di reincarnazione: ignoravo persino che potesse esistere! La mia ultima esistenza era sotto le spoglie di una semplice contadina senza alcuna istruzione... Avevamo un po' di terra che ci permetteva di vivere confortevolmente, ed il culto della domenica restava l'unica occasione in cui pensare a qualcosa che non fossero le necessità quotidiane. Avevo uno zio pastore, e tutto ciò che non passava dal Tempio era in ogni caso votato al fuoco eterno. Con questo si tagliava corto ad ogni discussione, e d'altronde nessuno trovava nulla a ridire, perché sembrava una ricetta pratica e semplice per salvarsi l'anima; così, dopo la morte, quando ho cominciato a scoprire i mondi di Luce, nella mia coscienza è emersa una certa durezza: ho ammesso facilmente che la vita continuava perché era evidente, ho ammesso anche che questa vita poteva manifestarsi in mille modi perché lo sperimentavo continuamente, ma l'idea che io potessi non essere arrivata alla fine del viaggio mi rivoltava. D'altronde, mi venne suggerita molto progressivamente da esseri che sembravano "accidentalmente" capitare sulla mia strada; ora capisco come quegli incontri apparentemente fortuiti obbedissero ad un piano straordinariamente ben pensato da una Volontà che sapeva tutto di me.

È andato tutto così liscio che un giorno, se così posso esprimermi, mi è sembrato ovvio rinascere in un corpo di carne ed ossa: questa evidenza, all'inizio, è stata difficile da accettare, poi è diventata l'effetto di una logica bellissima giacché rappresentava la legge dell'equità totale, il mezzo meraviglioso per raggiungere lo scopo che la mia religione mi aveva scarsamente insegnato. Poi, qualcosa è esploso in me, e non sento più dentro una vera e propria frontiera; vivo soltanto per lo "Scopo", e ciò che è straordinario è che non sono triste per questo. Malgrado i miei tentennamenti, tocco la Luce sempre un po' di più; riprendendo un corpo denso, non bisogna che io abbia nostalgia di tutto questo, ma che abbia la certezza chiara di poter cambiar qualcosa nella vita, e di far molto per questa Luce.

Guardate come la sabbia si cancella intorno a noi; la mia anima, o ciò che le assomiglia, non sente più davvero il desiderio intenso di questi luoghi dove, tuttavia, mi è piaciuto vivere ed imparare; la mia anima vi conduce con sé, verso la sua destinazione, e non posso farci nulla perché ormai il mio corpo di carne ed ossa è talmente definito che sempre più spesso mi ricorda la sua esistenza. Sono ormai quasi cinque mesi, sapete, ed ogni volta che i miei occhi si chiudono su questo mondo per aprirsi dentro di me, lo vedo nella sua bolla di luce, già ne indovino i tratti, gli suggerisco un volto.

Allora, a modo mio, comincio a modellarlo un po', e tutto avviene secondo la forza del mio cuore; posso essere contenta, perché molti non sono coscienti del loro ritorno e subiscono la nascita senza sapere ciò che significa.»

Mentre Rebecca parla, le dune ed i colonnati se ne vanno, portati via da qualche lunghezza d'onda della Vita; la nostra amica ancora una volta ci ha inglobati nel campo della sua luce, e ci ha fatti viaggiare nel suo tunnel bianco fra due mondi, un tunnel che adesso si espande in ogni senso, come una volontà che respira...

«Sono tanti, quelli che ignorano il loro ritorno?»

«Sì, almeno quanti coloro che, nell'abbandonare il corpo di carne ed ossa, immaginano che tutto finisca. Una volta li ho visti, le mie guide mi hanno fatto attraversare il loro campo di comprensione a diverse riprese. Alcuni non possono neppure supporre che ci sia un ritorno giacché non si sono mai accorti di essersene andati; allora, la luce di una grande anima viene e li addormenta per ancorarli in un feto e farli nascere nuovamente. Ce ne sono altri, invece, che sanno che la loro ora è giunta, ma che si rifiutano di ammetterlo per paura di cadere in trappola; anche questi sprofondano nel sonno, ma se ne accorgono e si tendono in un ultimo tentativo di rifiuto. Non è la paura di ciò che si è, che fa temere l'incarnazione, ma la paura di continuare in ciò che non si è; a volte, anch'io sento un terrore, come un sussulto interiore che mi fa dire "no, non ancora, la mia casa non è qui!" Poi mi passa, come un'onda che si ritira, e mi appare il volto dei miei genitori.

Posso raccontarvi la storia di un amico, qui, che ha avuto paura all'ultimo momento: è una storia un po' dolorosa che però spiega bene ciò che può accadere. Per favore, riportatela, perché l'amore che i genitori possono offrire ad un essere che va a loro, il dialogo interiore che possono proporgli ben prima che nasca, spesso potrebbero evitare una cosa di questo genere. Ho imparato che la sofferenza non è una necessità, ma nasce dal vicolo cieco da cui dobbiamo uscire tutti. Non è il nostro maestro, ma la stupida frusta con la quale ci autoflagelliamo.

Quest'amico, questo fratello di qui del quale vi parlavo, credeva di aver aperto il suo cuore e di comprendere il mondo quando venne la sua ora di scegliere un nuovo abito di carne ed ossa; tuttavia, c'era un sentimento che nutriva eccessivamente il suo cammino: l'orgoglio, come in quasi tutti noi. Oh, non un orgoglio pieno di fanfaronate! No, qualcosa di molto più sottile, che assumeva la forma di una sfida a se stesso. Così, malgrado. il consiglio delle sue guide e con lo scopo di progredire più in fretta nell'affinamento del suo essere, aveva deciso di accumulare tutte le prove nella vita che lo aspettava. Si sentiva così forte, talmente cosciente di ciò che andava fatto e degli errori ai quali doveva porre rimedio, che si era in un certo senso programmato una vera e propria corsa ad ostacoli. Quando venne il momento della nascita, sentì progressivamente tutto il peso del destino abbattersi su di sé, e comprese quale vanità l'aveva spinto: vide allora che aveva scelto più per sé che per amore, e il peso della vita che già intravvedeva si trasformò ben presto in terrore che lo condusse ad una sorta di suicidio: quando uscì dal ventre di sua madre, aveva il cordone ombelicale legato strettamente intorno al collo, ed era il suo modo di dire "no, non voglio."

Ognuno ha le sue ragioni, ma storie come questa ce ne sono a migliaia: non sono sempre il segno di un rifiuto categorico di nascere, magari si tratta di ansia, a cui fa seguito un'esitazione. Vedete, è questo che provoca i cosiddetti parti podalici. L'anima torna sui suoi passi, colta da un ultimo timore: è una nascita balbettante. Ricordatevi di questi ultimi interrogativi che ci assalgono: "ed ora, cosa mi aspetta? non c'era niente di meglio da fare? purché ce la faccia!" Ci sono anche quelli che si rifiutano di respirare... con tutte le conseguenze che si possono immaginare. È per questi interrogativi che la luce interiore ed il calore dei genitori devono guidare un essere fin da quando sanno che egli viene a loro. L'igiene che i medici consigliano ad una madre è, mi sembra, troppo spesso priva d'igiene dell'anima... La piatta tranquillità che viene prescritta, risuona in me come qualcosa di così insulso! L'unica culla che tutti desideriamo, in fondo, è il senso di condivisione, la gioia dell'accoglienza. I genitori non costruiscono niente: aprono una porta e danno. Se non hanno capito questo, si accaparrano ciò che non appartiene loro, e poi ostacolano l'espansione della Vita. Credo che ci voglia umiltà per estrarre dall'amore ciò che vi è di più puro...

Vedete questo grande spazio bianco che ci avvolge, in cui avanziamo pur avendo l'impressione di rimanere immobili? Ebbene, è lo stesso piccolo corridoio in cui ci siamo incontrati la prima volta, e tutto questo perché respiro meglio, essendomi liberata di certi schemi troppo legati alla volontà di dirigere ogni cosa. I miei genitori non saranno i genitori di questa Rebecca che voleva assolutamente questo o quello, così come la loro figlia non sarà la ragazzina sulla quale già stanno proiettando le loro personalità. Farò di tutto per non diventare il punto centrale della loro vita; tutti i miei amici che si stanno incarnando hanno lo stesso desiderio, sin da quando, insieme, abbiamo visto un giorno le probabili immagini dei tempi a venire; siamo stati colpiti tutti dalla grande autonomia che sarà richiesta ad ogni essere umano, qualsiasi sia la sua età; non abbiamo visto la dissoluzione della famiglia, anzi, abbiamo visto che questo concetto si allargherà, con una maggior indipendenza dei membri e legami molto più vasti dei semplici legami di sangue. Lassù, tra di noi, chi mai non ha riconosciuto mille volte in un amico il fratello, la sorella, il padre o la madre di un tempo, da qualche parte sulla Terra? Ed è precisamente questa nozione di famiglia che vogliamo ricreare: le altre nozioni ormai non ci interessano più, non perché non siano belle ma, vedete, hanno ancora delle frontiere! Le loro radici sono troppo a fior di terra, e hanno già dato il massimo di ciò che potevano offrire.»

Nel grande spazio bianco che sembra palpitare intorno a noi, le parole di Rebecca risuonano in modo singolare; ci fa pensare ad un'immensa sala di attesa con i muri mal definiti e vergini, tali da rinviare ogni sguardo a se stesso; ci sono mille piccole presenze che sembrano sfiorarci come farfalle invisibili, forse embrioni di un lontano passato in cui si abbozzano le trame del futuro. E se fosse qui, la vera via di accesso alla Vita, in quest'incrocio, nel presente che si fa eterno?... Né alto né basso, né notte né giorno, ma un punto focale nel cuore del quale infine ci si vede quali si è, con le proprie astuzie e le proprie brutture, le proprie meraviglie ed anche quest'incredibile potenziale!

«Qui è bello... e ho sonno — dice Rebecca sottovoce — Eppure, avrei ancora tanto da dirvi... Il torpore è come un liquido che si infiltra in me per cercare di anestetizzare ogni cosa; la mente si impenna, e la sua corsa sta per essere fermata... S'impenna... ci sono così tante immagini che mi sfilano dentro... Credo che siano scene di tanto tempo fa; si succedono in ordine sparso, con volti e sguardi così diversi, soli dai colori talmente strani, uomini, donne, spade, fascine di legna, palazzi e grotte... Sono forse vagabondi pezzi di me stessa? Nel mio cuore non c'è nessun dolore ma un'esitazione, forse una parola che non riesco a trovare: c'è anche la pressione di una mano sul petto... è qualcosa che ritorna di continuo, poi c'è come un turbine di sabbia e questa schiuma, fra i miei capelli! Che strano... ho quasi la nausea, e nel frattempo ho la sensazione di una gioia così vicina! Dovrò aspettare...»

Rebecca chiude gli occhi e sorride, vinta dal sonno.

Probabilmente ora vive qui più che mai, gustando una sorta di ebbrezza che cancella i tormenti e ravvicina i colori dell'arcobaleno.

Rannicchiata su se stessa, avvolta nella sua veste, come un gatto che progetta un lungo viaggio verso una riva sconosciuta, ci fa quasi pensare a quelle creaturine che traggono dal loro stesso corpo la sostanza con cui tessersi il bozzolo; la luce che emana diventa un morbido letto, una sfera vellutata in cui la forma del corpo si fa più anonima, senza età, senza sesso definito, senza più alcuno sguardo a tradurcene la magia... Rebecca è una coscienza, un campo di forza che fluttua alla scoperta di un altro corpo.

Nella sfera di chiarore bianco generato dalla sua forma, appaiono correnti simili a discreti lampi rosati, poi se ne vanno, poi tornano ancora: l'uovo di luce che l'avvolge sembra turbinare su se stesso, fino a scavarsi un cammino che lui solo conosce. È una caduta muta e bella, un tuffo nelle viscere del tempo, dello spazio, della materia... forse contemporaneamente in tutto questo. Ma, in fin dei conti, c'è poi differenza?

Quanto a noi, attenti spettatori del miracolo tuttavia

così banale e così quotidiano dell'incarnazione, ci sembra di camminare su un filo. Risate, briciole di parole sparse giungono a noi e poi volano via come istanti di vita che fluttuano a seconda del mondo che attraversano. Poi, dopo un'ora, o dopo un secondo, tutto si comprime in una luce fredda che appare al confine del turbine: ogni forma diventa più densa, si disegna nuovamente, e si tesse lo sfondo di una camera debolmente illuminata dalla luce della luna attraverso una tenda lievemente scostata. Qui dormono due corpi, rannicchiati l'uno sull'altro e improvvisamente avvolti da una nuova radianza: qualcosa di blu, di giallo, di iridato, che viene sicuramente ad accarezzarli, a far loro una promessa, forse a parlare con loro... ora i corpi sono tre... abitano il loro sogno, si ritrovano, si abituano gli uni agli altri...

CAPITOLO **6**

Marzo

«Venite, vi prego, venite...»
Una voce sottile si è introdotta in ogni nostra cellula con il tono di un quieto lamento, come un respiro che cerca se stesso.
«Rebecca?»
«Venite...»
Sì, è proprio lei, ormai la riconosceremmo fra mille altre, questa sonorità che nasce dall'anima, così avvolgente e così presente eppure così "altrove".
Andare? E dove altro potremmo "andare"? C'è una tale intimità!
«Su, venite, sono io che vi invito: ormai è anche casa mia, questa. Sarebbero così felici, se lo sapessero!» Nella camera, al di qua delle tende di cotone sottile color malva, palpitano tutte le luci della notte, vanno e vengono, fedeli specchi delle insegne della città, mischiandosi instancabilmente al motivo della tappezzeria. Fuori, echi di sirene si perdono in lontananza, mentre una pioggerellina fredda tamburella sui vetri della finestra.
«Rebecca?»
«Sono qui... in lei... si sta così bene!»
Appena sotto di noi, che ancora stiamo cercando timidamente il nostro posto, due letti gemelli uniti fra loro e due corpi rannicchiati, semisepolti sotto la trapunta. La nostra amica è lì, nel profondo di uno di questi corpi immobili che

si fondono nell'immensità della notte e del sonno. Rebecca tace, ma la percepiamo felice e al sicuro nel suo scrigno, al calduccio. Sappiamo che è contemporaneamente quasi in letargo e all'erta, pronta a recepire tutto ciò che vi è da vivere.

Intanto, intorno a noi, in questa camera ove la vita sembra essersi intorpidita per qualche ora, danzano infinite scintille in una quieta sarabanda che anima ogni minimo oggetto e vibra nel cuore stesso dell'oscurità. Eterna danza, danza degli atomi della materia, a ricordarci l'illusione delle forme, testimone della loro linfa profonda.

«Voglio dirvi, amici miei... voglio dirvi ciò che ogni donna desidererebbe sentire; possano le parole che cerco, far nascere l'amore e rendere più vivo ciò che a volte sembra così lontano.

È lei, è mia madre che mi ha dato l'idea: "vorrei sapere", diceva l'altro giorno, "vorrei sapere come si sente dentro di me il bambino, cosa sente, cosa vede, cosa capisce... chissà se è cosciente di sé e di ciò che l'aspetta?"

È soprattutto per questo che speravo veniste stanotte, perché vorrei restare più a lungo nel letto del suo ventre e dirvi, raccontarvi tutto, affinché molti altri vengano a saperlo. E poi, forse anche per un'altra ragione che mi sfugge... È come se dovesse succedere qualcosa... Da qualche settimana ho il presentimento di ciò che avverrà con molto anticipo; è ancora un'impressione sfocata, ma più sto qui, dentro mia madre, e più mi sembra di intuire la trama di un presente prossimo. La materia del mio corpo che si appesantisce diventa un'antenna rispetto a questo mondo, sicché ora vedo sfilare in me lo schema di certe vite e di certi incontri; a volte sono cose senza importanza, come un gatto che si appresta ad attraversare la strada a pochi passi da qui o l'ascensore che sta per bloccarsi di nuovo, ma a volte può capitare che si tratti di due auto che stanno per tamponarsi.»

«Eppure non ci pare che in te ci siano timori o tensioni...»

«Già, non per questa ragione; in quei momenti sono come un occhio, estraneo ad ogni possibilità di turbamento: non per indifferenza, ma come se quegli eventi rispondessero ad altrettante difficoltà in vista di uno scopo certamente lontanissimo ma anche luminosissimo. Ecco perché dovremmo tutti viverli con l'animo in pace. Persino il gatto, so che, se attraverserà la strada ad una tal ora e in un certo posto, non avverrà per caso, ma perché qualcosa chiede al mondo che sia così, attraverso di lui... e magari, quel gatto è nato solo in funzione di quel momento; non vedo altro modo per tradurre tutto questo. So che non esiste la fatalità, no, non c'è il fato ma un meraviglioso concatenarsi di eventi sottoscritto da ogni creatura, da ogni particella dell'universo, fin dall'Inizio.

Posso ferirmi con ciò che provano i miei genitori: null'altro può toccarmi, se non la mia stessa. mancanza di fiducia nelle mie capacità.»

«Parlaci di ciò che provi nel ventre di tua madre, Rebecca. È parecchio che aspettiamo questo momento.»

«Sì, ve ne parlerò, ma bisogna che cominci col dirvi ciò che accade nel mio nuovo corpo, perché è lì che abito, prima ancora che in mia madre. Questo mio corpo devo poterlo comandare e contemporaneamente piegarmi alle sue esigenze.

Ogni volta che ne prendo possesso, mi ci infilo dentro passando dalla sommità del capo e questo anche quando il cranio era appena abbozzato. Non è una cosa voluta, ma risponde ad una specie di risucchio automatico che non mi lascia scelta. Tutto avviene nella zona precisa della fontanella: percepisco intuitivamente un turbine che mi chiama, e al quale non posso sottrarmi. All'inizio era piuttosto doloroso, come se mi infilassi un guanto sempre troppo piccolo per me; allora mi dibattevo senza sapere se fosse per uscirne o per penetrare più a fondo, e sistemarmi meglio; ma più mi dibattevo, e più era come essere presa nella rete, invischiata nella pece.

Allora mi sentivo soffocare, e talvolta mi sembrava addirittura che tutto stesse per esplodere, perché la mia anima era troppo vasta e la mia coscienza troppo piena; ero aggredita dal battito del cuore di mia madre, dal flusso del sangue nelle sue arterie, dal suo respiro e dal rumore dei suoi visceri che percepivo come un alito confuso e tuttavia ritmico, simile ad un rantolo. Per fortuna adesso non succede più... Non che siano scomparsi l'alito ed il ritmo, ma è cambiato il mio modo di percepirli... Ora sono come la risacca delle onde sulla spiaggia, una musica che quasi mi attira, e in ogni caso mi rassicura quando il dubbio mi assale.»

«Credi che venga a tutti, questo dubbio, quando ci reincarniamo?»

«Sì, credo di sì; ho avuto contatti con amici di "lassù" che stavano vivendo la loro reintegrazione sulla Terra, e quasi tutti me ne hanno parlato: all'inizio è come il timore di non riuscire più ad abituarsi a contingenze così pesanti... il peso di un corpo, i suoi limiti, l'impressione di avere le mani legate; poi viene la paura di dimenticare tutto, tutto ciò che abbiamo creduto di capire, le risoluzioni, le trappole che ci attireranno.

Immaginate facilmente l'infinita catena degli interrogativi!

Quando si vivono momenti simili, personalmente mi abbandono al sonno: è un rifugio che si apre da solo, una specie di lucchetto di protezione, se vogliamo. Appena posso, preferisco andare dai miei futuri genitori, come per esempio questa notte, ed intrufolarmi fra le radianze dei loro corpi, raggiungendo il mio feto.

Ormai, per lunghi istanti, il feto è per me come una custodia dolcissima, come una culla in cui posso lasciarmi andare senza vincoli, senza nulla che mi trattenga: non so proprio se sia il mio corpo che mi procura questa sensazione confortevole, oppure ciò che irradia dalla mamma, ma opterei piuttosto per la seconda ipotesi. Come vi dicevo, credo di essere molto sensibile ai rumori del suo organismo: è una casa in cui ogni dettaglio, ogni sonorità diventa un punto di riferimento, ed è questo che mi rassicura; ci sono momenti in cui mi diverto davvero a seguire lo spostamento delle correnti e dei ritmi attraverso il suo essere, la mia coscienza si espande, e a volte riesce a proiettarsi dentro a certi suoi organi: è una cosa bellissima da vivere, vi assicuro. Allora mi sembra di spostarmi come nelle stanze di un appartamento, dove non c'è oscurità ma cose bellissime da scoprire. In quei momenti tutto si cambia in luce, e ho la sensazione di muovermi in un mondo fatto di cristalli e di minerali dai colori incredibili: sono cosciente di visitare il cuore stesso della materia, e comprendo che questa opportunità non è data a tutti i nascituri. Però, so anche che questa è un'esperienza comune e che, inconsciamente, molti se ne portano dietro la nostalgia. Questo stato di coscienza è sempre generato dal ritmo respiratorio di mia madre e dal soffio profondo che ne deriva.»

«Ma, Rebecca, a parte questi momenti di "viaggio", quando abiti nel tuo corpo, non percepisci altro che l'oscurità?»

«Vivo in un'oscurità di velluto se mi abbandono al presente, in un'oscurità gelata non appena sono invasa da un senso di paura; ma, dal momento in cui la mia mente si risveglia a certe riflessioni, la notte si popola di mille soli in cui mi immergo interamente.»

Queste parole sono state pronunciate con una tale pace e così tanto amore traspare dalla voce, che sentiamo il bisogno di lasciar scorrere un po' il tempo, in silenzio.

Nella camera dalle tende color malva nulla è cambiato: le sagome raggomitolate sotto la trapunta hanno forse un'altra forma, avendo cambiato posizione, e il rumore intempestivo del frigo ci giunge di quando in quando dalla vicina cucina. Intanto, nella penombra visitata dalla fluida luce della città, la nostra attenzione viene attratta da una grande foto appesa al muro, che rappresenta una bell'alba sul mare con, in primo piano, una spiaggia lambita dalla spuma delle onde. È qualcosa di molto banale, insomma, ma di una banalità che sembra aver toccato gli abitanti di quell'appartamento, a giudicare dall'importanza del pannello su cui è affissa.

Fuori, la pioggia sembra abbia smesso di cadere e, se non fosse per la presenza di Rebecca, lasceremmo la pace della notte continuare l'opera sua in quel luogo; la nostra amica, ne siamo certi, vuole comunicare ad ogni costo, vuole svuotare ciò che le pesa sul cuore, e il nostro compito può svolgersi solo accanto a lei.

«Verso il sesto mese, quello che ci dà fastidio è lo scheletro — dice sottovoce Rebecca, con una punta di divertimento nel tono della voce. – Sì, sono le mie ossa in formazione che mi procurano la sensazione meno gradevole: le percepisco non come una struttura che mi sarà di aiuto, ma come la pietrificazione del mio essere, come delle sbarre che cristallizzeranno la mia anima sulla Terra, impedendole di volare e di espandersi a suo piacimento. Intuisco soprattutto le ossa del bacino e del fondo schiena, come se la mia forza fisica e la mia vitalità cominciassero ad irradiarsi da qui. Tutto si annuncia più cristallizzato in questa zona, e sento che è qui che metto radici. A volte, mi succede di provare un calore fortissimo nel coccige, quasi un bruciore, ma so che è normale: mi è stato insegnato così. È un fenomeno che sentiamo tutti, a mano a mano che prendiamo possesso del corpo... è ciò che "loro" chiamano il Fuoco vitale che, assestandosi, crea questa percezione: è una forza, mi hanno detto, proveniente da ognuno dei semi della Creazione, contemporaneamente molto materiale ed infinitamente sottile.

I miei amici mi hanno insegnato che ad un certo livello di riflessione non c'era più nessuna differenza tra questi due poli: si tratta di un'energia triplice, e la sua triplicità, che è anche complementarità, sarebbe all'origine prima delle tre ossa saldate che formano il coccige.

La fusione eterica di queste tre vertebre, mi hanno detto, genera il dolorino di cui vi parlavo, ed è il segno che il Fuoco della nostra vita comincia a lasciarsi rinchiudere in un guscio solido ed è un po' meno sbrigliato; questa forza, naturalmente, non risiede né nelle ossa né in alcun organo in formazione, ma è come se quello fosse il suo punto di appoggio nel nostro corpo. Ogni volta che il bruciore si fa sentire, provo contemporaneamente un vago senso di frustrazione: è qualcosa che evoca in me l'immagine di un catenaccio chiuso con il lucchetto, e ho voglia di allungarmi quanto più posso, di spingere i miei piedi il più lontano possibile, in avanti. In questo modo mi sembra di irrigidirmi di meno, di avere meno tensione e di lasciarmi prendere in trappola un po' meno, vedete.»

Un interrogativo sgorga dentro di noi: «È per questo, Rebecca, che un feto gesticola di quando in quando nel ventre di sua madre?»

«Oh, no, amici miei. È il risultato di un apprendimento! Per quello che mi riguarda, cerco di muovermi il più spesso possibile per riuscire a percepire le mie membra, per misurarne la lunghezza, la destrezza. In quei momenti sono simile ad uno che si è infilato un abito nuovo e che si contorce con lo scopo di sapere se quest'abito gli dà fastidio...»

Rebecca si interrompe d'un tratto, poi scoppia a ridere come una bambina.

«Rido perché c'è un'altra ragione che a volte ci fa muovere più del solito! Quando veniamo a voi, ebbene dovete sapere che può succederci molto concretamente di protestare per una certa situazione. Mi hanno detto che la maggior parte dei genitori ammettono che sia possibile, ma troppi immaginano che si tratti soltanto di una sorta di riflesso primitivo o animale del corpo in reazione ad una certa scomodità. E invece, se soltanto sapessero che un feto nel ventre di sua madre può pensare, amare o non amare ed emettere delle opinioni! Quando non si può parlare, si trovano altri mezzi di comunicazione!

Forse un giorno ci saranno genitori abbastanza coscienti e carichi di amore per aver voglia di stabilire un codice con questa presenza che è già il loro bambino...

Quanto a me, in un certo senso cerco di fare degli esercizi

di adattamento alla forma del mio corpo fisico, perché la percepisco come una ganga troppo rigida che mi impedisce di compiere con scioltezza i gesti che vorrei fare. Mi sembra che questa ganga possieda le caratteristiche di un materiale di cartone: è un'impressione ovviamente soggettiva, ma può aiutarvi a comprendere o a farvi ricordare come sono strani certi momenti.

Le prime volte che sono entrata nel mio futuro corpo... e non sono neppure sicura di essere riuscita ad abitarlo totalmente, perché ero contemporaneamente attrice e spettatrice... mi ci voleva un vero e proprio sforzo di osservazione e di concentrazione per muovere anche soltanto una mano!

Ora, invece, a poco a poco, sento che il "cartone" acconsente a farsi più elastico e che, in certi punti, finisce col diventare simile all'ovatta. Ma tutte queste osservazioni sono probabilmente molto soggettive; credo profondamente che tutte le mie esitazioni ed i miei timori più o meno inconfessati siano in grado di costruirmi delle percezioni che non hanno nulla a che fare con la realtà... a meno che la realtà non sia anche questo... per me si tratta di una nozione talmente fluida!

Oh, aspettate... c'è una cosa che non devo dimenticarmi di dire! Si tratta di un pizzicore piuttosto speciale che ho sentito due o tre giorni fa, mentre mi apprestavo a scendere nel mio corpo. Si è manifestato prima nel centro dello stomaco, poi nel mezzo della schiena, ed è infine risalito fino alla base della nuca: allora, non ho potuto fare a meno di portare una mano in quel punto, sul mio corpo di luce. Immediatamente ho percepito la nascita di una specie di protuberanza abbastanza fluida la cui estremità sembrava sfilacciarsi, ricordando la forma di un tubo; sono certa che stava nascendo in quel momento. Oggi, ho sentito la sua presenza: qualcosa è scivolato bruscamente dal mio ombelico verso la base delle scapole, e ho potuto palpare con una certa precisione la sua forma: non sembrava esservi sviluppata oltre, ma pareva fatta di una quantità di piccoli filamenti giustapposti gli uni agli altri, non ritorti, ma semplicemente uniti, come incollati. Al tatto era qualcosa di molto morbido, spesso tre o quattro dita."

«Non pensi, Rebecca, che potrebbe trattarsi della prima manifestazione del cosiddetto "cordone d'argento", il legame vitale che unirà il corpo di luce al tuo organismo fisico?»

«Non lo so; non mi hanno parlato molto di questo, ma probabilmente è così. I miei amici propendevano per l'idea che la conoscenza di tutte queste cose fosse secondaria, e che non mi avrebbe aiutato a vivere bene la mia nascita. Vedete, non bisogna pensare che nell'"altra Terra" da cui provengo tutte queste nozioni siano familiari ad ognuno di noi. Vi sono coloro che le studiano più di altri, ma per molti dei miei fratelli e delle mie sorelle restano praticamente sconosciute, dal momento che la loro conoscenza non ha nulla a che fare con lo sviluppo dell'amore, nostro scopo principale. Forse è un atteggiamento esagerato, ma non faccio fatica a credere che molti uomini confondano la saggezza con l'acquisizione di una quantità di dati "sottili".

A me piacerebbe imparare tutte queste cose perché sento che comprenderle potrebbe permettermi di aiutare gli altri, però non voglio che diventino il centro assoluto della mia vita: ho così tante altre cose da fare! Bisogna seminare il sole, ed in modo tanto semplice!»

D'un tratto Rebecca tace e noi immaginiamo il suo corpicino rannicchiato su se stesso, e poi fluttuante sul suo oceano segreto; in quel momento, di nuovo ci inonda il silenzio della stanza: ne viviamo pienamente la densità, simile ad un'acqua profonda in cui ci tuffiamo in apnea. Potrebbero passare così ore ed ore, senza sentire il bisogno di null'altro...

«Scusatemi, — riprende poco dopo la nostra amica — a volte ci sono momenti come questi in cui la mia coscienza cerca di volgersi a se stessa, in cui i miei occhi si spalancano su scene interiori che non comprendo... Ero su una spiaggia... così pesante! Indossavo soltanto una lunga veste nera corrosa dal sale, ed il cielo era così rosa...»

«Sai qual è lo scopo di questa nuova vita, Rebecca? Ci sono cose che puoi dirci e che sai di dover compiere?»

«Devo dimenticare un rancore, devo dissolvere persino l'esistenza di questa parola: è come se fosse il mio bersaglio, per me stessa; ma ce n'è un altro, più vasto, per gli altri, per il mondo, per la Vita.

Quando sarò adulta, ci saranno molti bambini da aiutare; so che saranno disorientati, nati da una società con i piedi d'argilla. Avranno bisogno di strutture e di veri orizzonti che non avvampino come mucchi di paglia. A questo scopo farò certi incontri, e a volte ho paura che non saprò riconoscerli. Eppure sono contenta, vedete, perché so ciò che voglio: per cominciare, la mia prima gioia è volere qualcosa. Ne sono felice perché l'assenza di "volontà" è talmente sviluppata e frequente in coloro che tornano!

Ho aiutato molti esseri a tornare sulla Terra, esseri che non riuscivano davvero a capire la ragione ed il motivo centrale della loro nuova vita: quando prendevano coscienza del loro ritorno, ritornavano perché bisognava tornare, senza farsi domande su che cosa ci fosse di bello da compiere o da riparare. Si apprestavano a nascere come ci si appresta meccanicamente ad alzarsi, senza altro desiderio che di "passare il tempo". Però, ho imparato che ognuno di noi torna con uno scopo; ci sono degli esseri, che noi chiamiamo "grandi anime", che ce lo assegnano se non siamo in grado di distinguerlo da noi. Il problema è che se questo scopo non sembra abbastanza "grande" nel mondo dell'ego, la maggior parte di noi tende ad ignorarlo e poi a dimenticarsene.

È così, sapete, che devo cancellare dalla mia anima un vecchio rancore tenace di cui ho seppellito la fonte in profondità. Mi è stato indicato chiaramente, poco dopo la mia ultima morte, e so che ho fatto il possibile, finora, per soffocarne il ricordo. Agiamo quasi tutti così: quelle che chiamate "anime", possono anch'esse non ricordarsi del loro "foglio di via". Vedete, per la pura Luce bisogna salire più in alto, laddove un ritorno sulla Terra è visto come una vera gioia, un'occasione di Servizio.»

«Prima dicevi che non puoi scendere nel tuo corpo tutte le volte che vorresti: perché dunque, dal momento che il contatto con esso ti sembra meno doloroso?»

A Rebecca sfugge un sorriso, tra il divertito e il disincantato.

«Forse è normale, forse non c'è niente da fare... oppure dovrei sconvolgere l'intera vita di questo pianeta. Il ritmo di una società e l'esistenza impura di coloro che si evolvono in essa, spesso rendono difficile, per un'anima, avvicinare il feto in cui abiterà. Oggi c'è qualcosa di metallico sulla Terra che talvolta ci impone una incorporazione molto faticosa, o addirittura ce l'impedisce. Me l'avevano insegnato, e ora l'ho sperimentato. Sono le situazioni di violenza vissute dai genitori che generalmente impediscono all'anima di penetrare nel suo feto. Evidentemente, suppongo che non sia una novità, ma bisognerebbe far sapere che questo genera dolore e panico in colui che si vede sbarrare l'accesso al suo futuro abito fisico. Non si tratta necessariamente di qualcosa che i genitori vivono nel profondo, ma di faccende che generalmente hanno poca importanza per voi sebbene costituiscano addirittura, secondo ciò che ho appreso, il sale della vita moderna.

Mi ricordo, poco tempo fa, di aver voluto raggiungere i miei futuri genitori mentre si apprestavano a fare acquisti in uno di quegli immensi magazzini di cui solo ora scopro l'esistenza. Quando mi sono avvicinata a loro, erano investiti da una tale massa di energia sottile del tutto estranea, che in un primo momento mi sono sentita respinta. Voglio dire che non erano più i miei genitori, quelli che si trovavano lì, sotto di me, ma un uomo e una donna avvolti ed abitati da una forza mentale... simile ad un'interferenza. Bisogna dire che c'era un'incredibile folla intorno a loro, e che tutti sembravano attraversati da correnti mediocri se non orribili.

Quando ho voluto avvicinarmi ai miei genitori una seconda volta, il contatto delle luci che emanavano da loro mi ha fatto l'effetto di una melma fredda: era bruttissimo, e ho ritrovato una sensazione sepolta in fondo alla memoria... quella di un nodo in gola e delle lacrime che spuntano. Eppure non c'era ombra di tristezza in loro, mio padre sembrava addirittura contentissimo, ma quant'era pesante, la folla! Mi sembrava di guardare degli automi: non c'era nulla di autentico nel loro modo di incrociarsi, di guardarsi; di per sé, non mi sembrava un posto negativo, ma era il loro modo di rapportarsi a quel luogo che suonava falso. Avevo l'impressione che persino i miei genitori, che ho sempre percepito così stabili, abbandonassero la loro personalità profonda a vantaggio di una forza comune alla folla, una forza vischiosa e totalitaria.

Ho vissuto una seconda esperienza di quel genere, una sera in cui mia madre era andata a vedere quella cosa di cui non sapevo nulla e che chiamate "film"; era con un'amica e le immagini dovevano essere così terribili, a giudicare dalla sua voce e dalle luci che si sprigionavano dal suo corpo, che nel tentativo di avvicinarmi a lei sono andata a sbattere contro una vera e propria lastra metallica, gelida, liscia, impenetrabile. Anche quella volta ho dovuto rinunciare. Non potevo più darle amore perché si era rinchiusa in una gabbia, e neppure potevo sperare di riceverne da lei. Ognuna di noi era nella sua bolla, e fra noi c'era come un tessuto di paura: che cosa stupida! Non ne ho sofferto, ma so che alcune anime si muovono troppo spesso nell'aura carica di tensione e di angoscia dei loro genitori e conservano poi vere e proprie cicatrici. La materia eterica del loro fegato e dei loro occhi ne risulterà spesso indebolita per tutta la vita.»

Improvvisamente, come una deflagrazione nel cuore della notte, un trillo grave e stridente manda in frantumi il silenzio della camera. Percepiamo qualcosa di simile a uno specchio che si screpola e, da qualche parte, il corpicino di Rebecca che si tende.

«Ecco, era questo...», riesce ancora a mormorare.
Da sotto la trapunta, nella penombra, un braccio esce a fatica cercando a tentoni il microfono del telefono.
«Sì...?»
Con la voce fioca il padre di Rebecca si raddrizza a poco a poco alla ricerca di una posizione di equilibrio. Con una mano fra i capelli, la guancia contro l'apparecchio, ora tace e chiude gli occhi come se il sonno l'avesse di nuovo in pugno.
«Sì...? — ripete ancora. Non è possibile... maledetta macchina... non adesso! Va bene, vengo...»
Colta da un improvviso moto di collera, la sagoma maschile salta giù dal letto e si infila nervosamente una camicia.
Nel frattempo, lì accanto, la testa scarmigliata della madre di Rebecca emerge appena dallo spessore del cuscino:
«Ma cosa c'è? Cosa succede?»
«È l'ultima volta!... Ah, te lo giuro...! Quelle maledette macchine... Cinque computer si sono guastati simultaneamente... e sembra che sia io, l'unico a poter sbloccare il sistema nella "baracca". Cosa vuoi che ti dica? Se no, domani mattina, non ti dico che caos in ufficio. Saranno in crisi per settimane!»
«Torni presto?»
«Incrocia le dita... comunque la notte, ormai, è andata...»
Poi, precipitandosi verso la porta con un maglione in mano, il padre di Rebecca emette una sorta di sospiro di disgusto.
«Di', non ne hai abbastanza di questa foto della spiaggia, tu? Io non ne posso più! Sono mesi che non la posso più vedere!»
Si china sulla fronte della moglie e poi schizza fuori della stanza, cercando con il palmo della mano il primo interruttore che capita.
«Bisogna andare, era questo il presentimento che avevo... — sussurra Rebecca dentro di noi. — Volete accompagnarmi?»

Allora, pian piano, nel morbido nido della camera color malva, sopra ad un letto che il sonno ha abbandonato, appare una massarella luminosa: emerge da sotto la trapunta molto lentamente, come un arabesco di fasci di luce lattescenti che si deforma e poi prende a volteggiare. Il viso di Rebecca si precisa nel frattempo sul nostro schermo interiore: ha quasi i tratti di una ragazzina, e ci sorride con una strana espressione di malinconia e di gioia. Quante cose in filigrana dietro a quel sorriso, un fiotto d'amore... ed anche di malizia, è il segno di chi ancora assapora in sé il gusto di una certa fonte.

La richiesta di Rebecca agisce su di noi con la forza di una calamita: siamo soltanto un turbine di fiammelle al suo fianco, e poco dopo siamo un'unica forma di luce che scivola lungo un edificio, si intrufola nelle viscere di un parcheggio sotterraneo ed infine si infila in un'auto come un soffio.

«Non voglio lasciarlo — dice quieta Rebecca. — E poi mi piace stare qui... guida bene! Non so se avete notato, ma bisogna sempre sbrigarsi quando si vuole entrare in un'auto: appena il motore comincia a girare c'è come un fenomeno elettrico che impedisce al corpo della coscienza di entrare facilmente e forse anche di uscire[2].»

Intorno a noi sfilano le strade buie, mute o popolate di nottambuli e da luci aggressive; restiamo in silenzio, sopraffatti dal ritmo di jazz dell'autoradio che riempie il tempo e lo spazio.

Poi ci fermiamo davanti alla facciata di vetro fumé di un enorme edificio, ed imbocchiamo un corridoio fiancheggiato da infinite porte. Ecco... sembra che ci siamo. In una stanza piena di scrivanie, di schermi e di tastiere ci sono tre uomini: il padre di Rebecca getta sbadatamente l'impermeabile sulla prima poltrona in cui si imbatte e stringe loro la mano. Si scambiano poche parole senza neppure sedersi, ed eccoli già a premere su una schiera di tasti color avorio.

---

[2] Forse si tratta del fenomeno della gabbia di Faraday che rende l'operazione così delicata.

Intanto passa il tempo e tutto ciò che possiamo fare è osservare la scena dall'alto, come telecamere sospese in un angolo della stanza. Perché siamo qui? Di Rebecca, riusciamo a distinguere solo i contorni imprecisi: si è messa dietro le spalle di suo padre che finalmente si è seduto, e da lì lo sta a guardare. Si è dimenticata di noi? Per il momento sembra soprattutto una ragazzina che cerca di imparare, di capire qualcosa... è abitata dalla presenza di quell'uomo che lavora e che si lascia attraversare da un ribollire di pensieri. In lui c'è disordine... tutto ciò che emana da lui ci arriva ad ondate successive. Più che parole, sono immagini ondeggianti: i neon della città, la macchina, il volto di sua moglie... tutto si mischia, interrotto da successioni di numeri e di lettere.

D'un tratto, dall'altro capo della stanza risuona una voce:
«Allora, quanto manca per questo bambino?»
Il padre di Rebecca immobilizza la mano sulla tastiera ed alza il capo:
«Oh... più di tre mesi. Perché?»
«Così... non ne parli mai, allora...»
«Davvero? Eppure ti giuro che è una cosa bellissima e siamo felici tutti e due! Stavo proprio pensando che mi suonava strano immaginare di essere in tre, fra non molto.»
«Può darsi che lo siate già!»
«Lo pensi anche tu?»
«Perché no?»
«È quello che dice mia moglie. Continua ad avere delle sensazioni, ma secondo me non bisogna neppure esagerare: non che mi dispiaccia se siamo in tre in casa, ma è soprattutto una faccenda biologica... mi immagino che il bambino avrà presto vere e proprie sensazioni, e forse persino un pensiero, ma non so né come né quando accadrà. Questo, per me, è un mistero! Ad ogni modo, non che vogliamo saperlo prima che nasca, ma spero che sia un maschio...»
Rebecca fa un balzo indietro, e vediamo la sua fragile figura abbozzare un'alzata di spalle.
«Ma non sei stufo di dire sempre la stessa cosa? —

sospira. — L'avrò sentita venti volte, questa storia... sei sempre allo stesso punto!»

Così dicendo, l'esile corpo di Rebecca si è avvicinato a noi; malgrado i contorni delicati, sembra animato da una forza singolare che si esprime interamente attraverso l'acutezza dello sguardo. In successione vi leggiamo la volontà, il dispiacere, la gioia e l'amore.

«Ho il cuore a fior di pelle, amici miei, ad ogni giorno che passa, l'anima di chi ritorna penetra un po' di più nell'anima di chi l'accoglie... Voglio smuovere mio padre, vedete, ed è per questo che ho cercato di venire qui: so che non bisogna forzare le cose, ma mi piacerebbe trovare il modo di parlargli. Stanotte intuisco qualcosa di più fluido in lui, e poi mia madre non c'è: starà meno sulla difensiva. È l'orgoglio che ci arrugginisce, l'ho imparato spesso sulla mia pelle!

So che mi percepisce presente; vedete, ho già sentito in lui una voce, in fondo, che accetta il fatto che io già esista e che lo conosca, ma il fatto è che lui non vuole prestare ascolto a quella voce perché non gli fa comodo, non fa il suo gioco... perché lui sta giocando... Gioca all'uomo lucido, forte e ragionevole, fino al punto di negare magari l'evidenza e di arrampicarsi sui vetri pur di aggirare gli ostacoli. Sento che mio padre è buono, ma quanto sarebbe migliore e più bello se accettasse di disfarsi un po' della sua corazza!

Ho parlato molto di tutte queste cose con i miei amici, anche prima di incontrare voi; abbiamo parlato di tutte queste reazioni umane e troppo spesso maschili: mio padre si accanisce a rimanere come milioni di altri che sembrano non volere che ci sia qualcosa prima e dopo la cosiddetta vita. Ma perché, poi? Come se fossero feriti dal fatto che esista una Vita infinita, o che possa esserci, in fondo ad ogni cosa, solo la Speranza; hanno forse paura dell'infinito? C'è forse ancora in loro una parte buia che teme di essere aggredita dal raggio di luce che penetra dalla porta socchiusa?

Succede la stessa cosa ai due poli della vita: gli umani parlano di ragione, senza aver neppure notato che questa

nozione cambia da un'epoca all'altra...
Guardatelo, davanti al suo schermo! E ditemi se quello che sta facendo è ragionevole: preme pulsanti e mette in moto non so quali reazioni che sfidano tutte le leggi concepibili durante la mia vita precedente; non gli dispiace che una macchina pensi più in fretta di lui... Allora, ditemi perché dovrebbe dispiacergli il solo pensiero che io esista nella mia totalità, che io lo senta e che sia qui al suo fianco! È come un trampoliere che non riesce a prendere il volo. Mi hanno detto che devo avere più fiducia in lui, ma, se solo riuscissi ad aiutarlo a prestare ascolto...!»

«Perché preferisci un maschio?»

Da dietro una scrivania la voce di una donna rivolge questa domanda al padre di Rebecca, che si accanisce su un tasto senza mai abbandonare lo schermo con gli occhi.

«Oh, tanto per dir qualcosa! Non ha molta importanza, ma ho l'impressione che l'intesa sarebbe più facile con un maschio.»

Rebecca resta al nostro fianco, con l'anima tesa, e per un lungo istante sembra viaggiare in se stessa; è strano osservare i tratti da ragazzina assunti dalla sua anima, sovrapporsi ad un temperamento così adulto e volitivo!

«Il non-attaccamento, Rebecca — abbiamo voglia di dire. — Ricordatene...!»

In risposta, la nostra amica sorride e va a raggomitolarsi contro le spalle del suo futuro padre che subito raddrizza la schiena.

«Non trovate che faccia freschino, qui?... Per tornare a quello che dicevi prima, ho l'impressione che una figlia tenda sempre a giudicare suo padre, perlomeno ad osservarlo in modo particolare. Ad ogni modo, questa è un'idea mia. È strano, ma spesso sogno il volto di una ragazzina che mi scruta con insistenza... Ci sarebbe da divertirsi, per uno psicologo! Bah, non ha alcuna importanza...»

«Non ha alcuna importanza — riprende Rebecca brontolando. — Ma che testa dura che hai! Se non altro mi hai vista e grazie perché te ne sei ricordato. Perché allora fai tanta resistenza? Magari paragoni il mio cervello e tutte le mie facoltà di pensare e sentire ad una di queste macchine a cui sei così legato! Cosa credi, che cominci ad esistere solo quando ho il cranio riempito a dovere, e la natura ha finito di eseguire una certa quantità di connessioni? Ma come devo dirti che il mio cervello non è niente di speciale... cioè, è soltanto un ripetitore! Smetti di credere che il contatore sia l'elettricità. È anche un po' per questo che ho accettato questo lavoro con i miei amici, perché sulla Terra seguiamo tutti lo stesso schema striminzito!

Quello che pensi, papà, non è frutto dei tuoi neuroni, quello che vedi di te e del mondo non è la risultante di una combinazione chimica: è una volontà di coesione che va ben oltre tutto questo, è l'Amore che si fa più denso. Non posso dire molto di più, perché la mia anima è ancora troppo giovane, ma se solo durante la tua vita tu e i tuoi simili poteste scoprire queste parole, la loro sostanza, allora saresti felice. Un essere che viene al mondo non si spiega con un po' di cellule che si uniscono e crescono... proprio come un quadro non può riassumersi in un semplice e giudizioso assemblaggio di colori.

Su, cerca di sentirmi! Sono forse una pagina di filosofia? Da dove proviene lo sguardo che riconosci di avere incrociato di notte? Non so dare un nome a ciò che lo spinge a te, ma so che non viene per giudicarti; viene per saldare o forse per rinsaldare qualcosa, e questo solo conta.»

«Ma è incredibile! Ma cos'ha questo programma?»

Il padre di Rebecca ha emesso un sospiro di stanchezza e poi, con un gesto brusco, ha orientato la sedia girevole verso i suoi colleghi: la luce un po' fredda delle lampade alogene sembra ferirgli gli occhi, e si alza con il sorriso imbarazzato, come uno che voglia allontanare certe immagini da sé e parlar d'altro, voltare una pagina della propria coscienza.

«Non c'è modo di concentrarsi, stanotte! Vado a vedere se c'è un po' di caffè...»

«Resta lì, sta arrivando. Ci abbiamo già pensato noi! F...
è andato su a prenderlo, al primo piano.»

Definitivamente scoraggiato, il padre di Rebecca si lascia ricadere sulla poltrona da cui si è appena alzato; poi, senza dire una parola e con una sorta di comica smorfia, fa dietrofront ed è di nuovo faccia a faccia col suo video.

«Pazienza — borbotta — non c'è modo di uscire da questo maledetto ufficio!»

«E tua moglie, dimmi, che ne pensa?»

La domanda proviene sempre dalla giovane donna di prima che, in un angolo della stanza, consulta svogliatamente un registro.

«È felicissima, naturalmente, come me. Puoi dirlo... siamo felicissimi tutti e due!»

«Non intendevo questo... Mi riferivo al bambino; cosa ne pensa, come viene, secondo lei... È credente?»

«Sì, e anch'io, ma questo non cambia nulla, non vedo quale sia il nesso. La religione è come la scienza, che costruisce creature nuove di zecca alla nascita!»

«E questo non ti sembra strano, non ti pare che sia un punto di vista un po' semplicistico? Non credi che gli manchi un tassello per stare in piedi? A dire il vero, trovo che non sia una spiegazione. È come se mi dicessi: la vita esiste perché esiste, la lampadina si accende perché ho premuto l'interruttore, oppure: questa parola concorda con quest'altra perché la regola di grammatica si chiama così... Nessuno va mai a fondo delle cose!»

«Smetti di tormentarmi, o non riuscirò più a prendere sonno!»

«Non voglio tormentarti — riprende con maggiore energia la giovane, su un tono il più possibile giocoso. — Cerco solo di farti riflettere. So bene che tua moglie non si pone interrogativi di poco conto, ne abbiamo discusso un po' da J...»

«Beh, allora, se lo sai...»

Con queste parole, il silenzio scivola nell'ufficio, intrufolandosi nell'atmosfera laboriosa. Il padre di Rebecca si gratta energicamente il cuoio capelluto e si gusta a piccoli sorsi il caffè fumante che gli hanno appena portato in un bicchiere di carta.

Intanto, la nostra amica si è avvicinata a noi: per cominciare non sentiamo il bisogno di parlare... basta lo sguardo e preferiamo lasciarci portar via dall'emozione che trapela dai suoi occhi.

«Era un bel pezzo che non provavo questa sensazione... — dice infine Rebecca. — Queste lacrimucce sono proprio la prova che sto scendendo! Non sono lacrime di gioia né di dolore, sapete, ma piuttosto si tratta di qualcosa di indefinibile, una specie di profonda tenerezza, un po' malinconica. Mi sento come se già fossi tornata in questo mondo dove tutto è esitante, dove l'esitazione rende certuni così fragili, e così belli, a volte.

Vedete, credo di aver cominciato ad amarlo stanotte soltanto, questo spilungone... e non perché sarà mio padre... questo non vuol dir nulla... ma perché tra una parola e l'altra lascia parlare l'anima. Sono l'unica che riesce a sentirlo, e questo a causa di una vecchia storia in comune, credo; anzi, ne sono certa.

Qualcosa mi dice che abbiamo tutti e due la stessa paura di reincontrarci. Non vedo le cose a modo suo, e poi mi irrita, ma sono profondamente felice del fatto che sia lui e non un altro, e non ce l'ho più con lui.»

«Ma davvero ce l'avevi con lui, Rebecca?»

«Solo un pochino... oh, sicuro, sento che c'è ancora un nodo da sciogliere tra di noi, ma è un'altra faccenda!

Volevo soltanto parlare di un particolare che mi feriva: non ho mai osato affrontare l'argomento finora, ma oggi è magnifico perché non si può rimandare, e così il mio risentimento si dissolverà una volta per tutte.

Parlarvene, mi farà l'effetto di una ventata di buon umore!

Vedete, quando mio padre ha saputo che ero in arrivo, si è fatto prendere un po' dal panico: forse è un termine esagerato, ma comunque attraverso il filo di luce che mi permetteva di giungere a lui ho percepito chiaramente un lieve moto all'indietro, invece della gioia incondizionata che mi ero immaginata di trovare. Allora, per alcune ore, gli ho letto nell'anima e ho visto che diceva a se stesso "e se non lo tenessimo?" Non ho temuto per me, perché capivo benissimo che erano solo pensieri disordinati; d'altronde credo che non gli sia sfuggita mai neppure una parola in questo senso. Quell'idea rispecchiava soprattutto un timore indefinibile, passeggero e assolutamente stupido, che ha causato tensioni ad entrambi, ecco tutto. Fin dall'inizio sapevo che mi desiderava davvero, ma che, a mia volta, io mi ero costruita una scenografia senza macchia... troppo intransigente!

Stanotte, comprendo meglio cosa sia l'Amore perché comincio ad amare le sue imperfezioni e gliele perdono con molta gioia.»

«Non sappiamo se sia il momento giusto, Rebecca... ma vorremmo sapere il tuo punto di vista sull'aborto: hai avuto a che fare con questa nozione, i tuoi amici ti hanno comunicato qualche dato preciso in proposito?»

«Sì, naturalmente, ma forse non più di quanto sappiano o perlomeno percepiscano già sulla Terra certe persone.

Posso soprattutto parlarvi un po' di quello che hanno provato certi miei compagni che hanno vissuto un aborto "dall'interno", se così posso esprimermi: essenzialmente sono le parole di una mia amica che mi hanno colpita nel cuore. Per cominciare, vi dirò che quando ha saputo quale famiglia le era destinata, ha capito immediatamente che c'era il rischio di essere respinta; non solo perché le sue guide glielo avevano detto esplicitamente, ma perché le prime immagini che aveva percepito del mondo della Terra, le suggerivano che i suoi futuri genitori non erano davvero pronti a riceverla.»

«A ricevere lei in particolare, o un figlio in generale?»

«Nel suo caso, si trattava di un figlio in generale. Ma

so che in certe circostanze il motore dell'aborto è il rifiuto inconscio della precisa identità dell'anima che vuole incarnarsi.»

«E la tua amica ha accettato comunque di correre il rischio?»

«Sì, come accade quasi a tutti, perché quando siamo vicini alla nostra anima, ci dissetiamo a una tale fonte di pace che molte delle difficoltà intraviste per il ritorno si sdrammatizzano da sole.

Nel mondo da cui provengo tutti quanti abbiamo accesso alla medesima comprensione, e cioè che esiste per ognuno di noi uno straordinario filo conduttore che ci dirige fino al medesimo e prodigioso potenziale d'amore; allora entriamo in comunicazione con una sorta di schema generale che serenamente fa sì che restiamo fiduciosi verso tutto e malgrado tutto. Ma seguitemi bene: questa comprensione non ha niente a che vedere con un anestetico che sfuma gli ostacoli... La viviamo piuttosto come un'espansione della coscienza, che diventa allora più penetrante e consente di relativizzare la maggior parte delle difficoltà. In noi, vedete, c'è sempre questa presenza del bello e del giusto.

Naturalmente vi sono sfere di coscienza meno sviluppate di quella da cui provengo, ma del problema dell'aborto non si parla neppure perché il ritorno in un corpo fisico viene allora vissuto in uno stato di sonnolenza se non addirittura di sonno assoluto. Ma quale che sia il mondo da cui un'anima proviene, bisogna sapere che la biologia contemporaneamente materiale e sottile che presiede alla sua incarnazione la lega in un sol colpo ad un embrione intorno alla terza settimana dal concepimento. Non voglio dire con questo che la coscienza sia già ancorata al futuro feto da quella data precisa in poi, ma per la prima volta, in quel momento, si integra nell'aura e nel ventre della sua futura madre.

Questo significa che gli atomi-seme del suo corpo fisico ed eterico sono già presenti in sua madre, e già chiamano a sé gli atomi dei corpi più sottili. Questo causa un legame, credetemi, che sarebbe impossibile trascurare e che, quando si spezza, genera sofferenza. Una sofferenza che, ovviamente, aumenta a mano a mano che il feto si sviluppa. Quanto alla mia amica, l'aborto è avvenuto a due mesi di tempo terrestre dal concepimento: mi ha detto del dolore contemporaneamente fisico e psichico che ha provato al momento dell'espulsione. Per riportare le sue parole, è stato come una sorta di seconda morte nel cuore stesso di quella morte che è, da un certo punto di vista, la nascita.

Bisogna che si sappia che l'aborto è un errore: questo non ha nulla a che fare con la morale, perché è ormai risaputo che la morale cambia a seconda delle civiltà. È solo questione di rispettare la Vita, dal momento che questa non comincia col parto: in realtà non smette mai di essere, è un flusso continuo, e se le impediamo di esprimersi ostacoliamo una parte della Vita che è in noi.»

Rebecca ha chiuso gli occhi, come se sorridesse a se stessa. Sul volto un po' diafano da ragazzina ci sembra quasi di leggere i soli e le nuvole che sfilano dentro di lei. Ci sorprende la sua trasparenza, così in contrasto con l'addensarsi del corpo che la chiama; è una trasparenza che parla di un ego che si alleggerisce, della maturità di un cuore che si apre e si libera a poco a poco del superfluo.

In un angolo della stanza, intanto, un uomo con i capelli scarmigliati è sempre chino sulla tastiera del computer; qualcosa però si sta trasformando in lui: i suoi gesti non hanno più nulla di meccanico o di frammentario. Dalla sua bocca non esce neppure una parola, ma le sfumature della sua anima la dicono lunga... Non indicano ancora comprensione, ma fanno pensare ad una tenda che stia per scostarsi, ad una tensione in via di estinzione.

«Ecco cosa speravo da lui — mormora Rebecca, — una specie di "perché no". Un "perché no" ha un tale valore! Un po' di ruggine che cade, una vera promessa!»

«Scusa se insistiamo ancora, Rebecca, ma così tanta

gente se lo chiede... Va da sé che l'aborto è un errore e che bisognerà porvi riparo, un giorno o l'altro, in questa vita o nella prossima, accogliendo di nuovo l'essere che ha bussato alla porta, tuttavia ci piacerebbe conoscere che ne pensi degli aborti terapeutici.»

«Il mio parere non ha molta importanza, perché sono solo una delle miriadi di anime alla ricerca di un corpo. Può essere importante, invece, quello che ho vissuto, visto o capito.

La nozione di aborto terapeutico è del tutto nuova per me, come d'altronde molte altre; quello che ho capito mi induce ad esprimere una riserva rispetto a quanto ho già detto.

Le guide mi hanno insegnato che quando un essere è alquanto malformato fin dal concepimento, al punto da generare un corpo scarsamente vitale o addirittura mostruoso, l'interruzione della gravidanza non è, di per sé, un errore: è semplicemente questione di compassione. Mi pare di aver capito, vedete, che questi non sono errori imputabili alla natura, ma a tutti noi, nel nostro approccio alle sue leggi, ed anche nell'interpretazione di quanto essa ci propone. La natura ci mette davanti a delle scelte, ci invita a rivedere le nostre posizioni, e tutto questo può mettere in moto la riflessione ed essere occasione di maturazione. Un embrione o un feto che porti già su di sé i segni di una mostruosità fisica capace di trasformare l'esistenza in un inferno, spesso pare sia il risultato di una profonda ferita fisica o morale inferta all'anima nel corso della vita precedente: in questo caso, mi hanno detto che automaticamente, mediante i suoi atomi-seme, l'anima in questione si libera il più rapidamente possibile delle sue cicatrici.

Probabilmente questo è solo un aspetto del problema e la mia conoscenza è molto limitata in questo campo, ma vorrei aggiungere una cosa che mi sembra talmente importante che il mio cuore non può tenerla per sé: so, perché mi è stato insegnato e perché l'ho constatato in tutti i miei compagni della terra di Luce, che l'errore globale dell'aborto non deve essere però drammatizzato. Sì, naturalmente genera sofferenza, ed è evidentemente un errore, ma vorrei dire ben forte che esistono anche il perdono e l'amore, e che saranno sempre i migliori cicatrizzanti che si possano immaginare. Riparano ogni cosa, e devono cancellare il rimorso perché sono essi stessi la Vita.

A tutti coloro che si sono fuorviati in quella direzione, ho voglia di dire, innanzitutto, "perdonate voi stessi". Questo non significa "chiudete gli occhi e dimenticate tutto", ma "sappiate che la vita è infinita e vi darà la possibilità di riparare, se non ostacolerete il vostro cuore".

Ho visto, anche se non è sempre così, che molti bimbi adottivi vengono accolti da quegli stessi genitori che non l'avevano fatto in altri tempi.

Finiamo tutti col ritrovarci sempre sulla stessa strada, finché non capiremo, perché la strada è una sola!»

«Ci parlavi della miriade di anime in cerca di un corpo...»

«Sì, ho proprio detto "in cerca di un corpo". Le ho viste, queste anime, in quei sogni che precedevano il mio ritorno: la loro presenza globale nella moltitudine dei mondi è venuta a me con un'ondata gigantesca, un soffio formidabile: non era un'angoscia, bensì un'attesa, a volte impaziente, vissuta da milioni e milioni di forme di vita che sapevano che la loro venuta o il loro ritorno nella materia era pur sempre la più bella occasione per fiorire che potessero augurarsi.

È anche per questo che vorrei offrire un inno alla Vita: sono troppo pochi gli uomini e le donne che apprezzano la gioia offerta loro dalla Terra attraverso il dono di un corpo, con una bocca per mangiare, polmoni per respirare, braccia per abbracciare! Tutto è puro, tutto è come un trampolino... per chi sa guardare. La Vita non è un dispensatore di sberle, e ci rimanda solo quanto a nostra volta abbiamo inviato nel suo spazio... personalmente, vedo nella Vita soltanto luce, speranza, equità, ovvero Amore.»

Come se una corrente limpida attraversasse ora la stanza, il padre di Rebecca lascia i suoi gesti in sospeso, immobilizza lo sguardo. Eccolo ruotare di nuovo sulla poltrona e dirigersi con aria un po' esitante e con le mani in tasca verso la giovane donna con il registro in mano.

«Sai — sussurra schiarendosi la voce — un giorno o l'altro mi piacerebbe riparlarne. Penso che dopo tutto... perché no?»

CAPITOLO 7

Aprile

Il nostro ultimo contatto con Rebecca risale a tre settimane fa: un lasso di tempo imposto dalle circostanze della vita, e probabilmente auspicabile anche per poter prendere un po' di distanza rispetto a tutto quello che abbiamo vissuto.

Quando l'appello per un nuovo incontro si fa sentire, non sappiamo né dove né come avverrà: dovremo andare dai genitori della nostra amica, o ci lasceremo semplicemente attirare, senz'altra volontà, nel centro della sua piccola bolla di luce fuori dal tempo?

La risposta si manifesta sempre dopo l'abbandono di ogni desiderio, ed ecco che un invisibile filo di Arianna attira il corpo della nostra coscienza verso la sua giusta destinazione. E le corde d'argento si sono allungate oltre l'Atlantico, lontanissimo...

In un silenzio trasparente e come profumato, c'è ad accoglierci lo sguardo cristallino di una bambina: occhi che brillano come quando una festa sta per cominciare, uno sguardo offertoci in modo tale da riempire completamente il nostro campo visivo. Ci vogliono alcuni istanti perché riconosciamo Rebecca... la trasmutazione ha proseguito l'opera sua, e il feto ha modellato ancora un po' i contorni dell'anima; ora è una bimba di sei o sette anni che viene ad aprirci il suo cuore.

Le sfugge un sussurro:

«Come farò a crescere, se comincio con il non accettare di essere piccola?»

Ci è difficile chiamarla per nome, tanto è avanzata la sua metamorfosi dall'ultimo nostro incontro.

«Questa volta, non sono proprio più Rebecca –dice con un sorriso, e per tagliar corto alle nostre esitazioni. — La mamma ha colto il nome che ogni notte le porgevo... Ora, sono un po' più dei vostri, un po' più della Terra, sono S... La vibrazione che questo nome offre alla mia anima è come un gioiello che mi viene regalato e che, mi sembra, desideravo da tantissimo tempo...! La mamma se l'è lasciato sfuggire quasi come un grido, l'altra mattina, al risveglio.»

Mentre raccogliamo queste sue parole, siamo sempre più coscienti del luogo che ci ha dischiuso le sue porte: la nostra amica ci tiene per mano, e tira, con fermezza, cercando probabilmente di condurci più in fretta alla sua realtà.

Anche questa volta, ci ritroviamo sulla soglia della stanza color malva dei suoi genitori: attraverso le tende semiscostate, la luce rosseggiante del sole sembra incendiare tutta la camera.

La giovane madre di quella che un tempo era Rebecca è qui, semisdraiata nel morbido nido del letto; ha le palpebre pesanti, e sfoglia con noncuranza una rivista tra un colpo di tosse e l'altro.

Ancora una volta, la nostra amica ci sorride: è un sorriso che profuma di malizia e di complicità, come quello di un bambino, perché l'adulta che abbiamo conosciuto è ormai così lontana...

«Perché mi guardate così? La mia anima è cambiata così tanto? È la mia anima che dovete tener presente, e vi assicuro che non è mai stata così matura...»

Dobbiamo convenirne, mentre all'altro lato dell'appartamento una voce si fa strada fra un rumoroso tintinnare di utensili:

«Ancora un minuto e arriva, la tua tisana!»

«Ho voluto di nuovo chiamarvi qui perché è lievemente

indisposta — mormora piano la nostra amica, come se un altro orecchio oltre il nostro potesse sentirla. — Ha il raffreddore, ed è costretta a rimanere in casa; come tutte le persone che hanno la febbre, la sua aura subisce un cambiamento che vorrei che osservaste. Come sapete, l'ancoraggio dei corpi sottili al corpo fisico diventa molto più elastico, in queste circostanze, e i campi luminosi che emanano sono più facili da penetrare per esseri come me. La materia sottile che li compone in un certo senso è distesa, e spesso facilita i contatti con il mondo in cui ci troviamo noi tre.

È per questo che oggi, vorrei parlare con la mamma: sento che è più probabile riuscirci, e vorrei che mi aiutaste o almeno che poteste osservare perché, vedete, malgrado le circonvoluzioni dei miei interrogativi personali, non dimentico il lavoro che abbiamo concordato insieme.

Fra poco so che la mamma si addormenterà e che vedremo il corpo della sua coscienza elevarsi lentamente sopra il letto; vorrei allora che tentassimo di stimolare in modo particolare la sua attenzione, che la tirassimo fuori rapidamente dallo stato letargico fin dalle prime fasi del sonno, e che penetrassimo nella bolla di vita che verrà generata dalla sua anima... insomma, che abitassimo quello che lei definirà un sogno, per stabilire un vero e proprio ponte!»

«Ma non c'eri già riuscita da sola?»

«Sì, ma l'ho fatto come lo fanno quasi tutti i futuri bambini; l'ho rifatto più volte, soprattutto per suggerirle il nome che il mio cuore voleva, ma questa volta, e con l'autorizzazione dei miei amici, so che sarebbe bene stabilire un contatto più vero, più forte, qualcosa di più di un semplice sguardo, un'impressione o una frase incompleta che le resti in mente al risveglio.

Non so se devo dirvelo... ma ho saputo che a più riprese è stata mia sorella in tempi remoti: a dire il vero, questo non ha molta importanza, e non devo farglielo sapere perché io stessa me ne dimenticherò, ma spero di poterle dire quale sarà la mia strada nella vita, dove avrò bisogno del suo aiuto, delle sue barriere di sicurezza o dei suoi incoraggiamenti. A molti di noi è consentito agire in questo modo almeno con uno dei futuri genitori, ma la mia fortuna sta nel fatto che mi hanno autorizzata a suggerirle tutto questo in modo molto preciso, e questo in funzione della nostra evoluzione comune, mia e sua.»

«Parli di autorizzazione... C'è dunque "qualcuno" che regolamenta tutti questi dati?»

«Non si tratta di regolamentare; stando a quanto ho capito, esistono piuttosto anime che sono per noi come fratelli maggiori, perché hanno vissuto di più o amato di più, e per questo la Vita consente loro di orientarci in una direzione piuttosto che nell'altra, di aprirci una porta determinata, non arbitrariamente, ma perché possiedono una visione più limpida delle necessità e dello scopo.

Io sono solo una delle infinite coscienze, ma mi trovo ad uno stadio evolutivo in cui posso manifestare la mia volontà di servire la Vita; ecco perché mi viene offerta la possibilità di imprimere nella memoria della mia futura madre dei dati riguardo alla giusta direzione che prenderò. Ripeto ancora una volta, amici miei, che non ho ciò che gli uomini chiamerebbero un "Destino con la D maiuscola" e che non sarò nulla più di una delle tante "api laboriose", ma se vi dico tutto questo è perché molti genitori possano prestare maggiore attenzione ai "segni" inviati loro dalla vita riguardo agli esseri che, per mezzo loro, si incarnano. Sta andando verso la Terra un'ondata di anime che portano in sé un compito di ricostruzione: non sono anime particolarmente eccezionali, ma le forze di rinnovamento che oggi inondano il nostro sistema solare spesso le dotano di un temperamento volitivo che bisognerà saper canalizzare; comprendere il loro compito, rispettarlo, richiederà ai genitori un abile miscuglio di fermezza e di elasticità; dovranno saper leggere fra le righe del "foglio di via" che condivideranno con i loro figli.

Dico "i loro figli", ma anche questa nozione tenderà a scomparire, nel senso di possesso o appartenenza; ho potuto vedere e capire che la Terra verso cui sto andando torna ad una visione più globale della Vita e si orienta verso un individualismo meno esacerbato: ci vorrà un po' di tempo, ma il vento soffia in quella direzione, perché gli ego si sono pasciuti abbastanza e adesso non resta loro altro che rimpicciolire.

Per andare in quella direzione, avrò bisogno di indipendenza ed anche di quella sorta di paracadute che è la fiducia riposta in me dai miei genitori: è di tutto questo e di qualcos'altro ancora che voglio parlare con la mamma: mi aiuterete?»

«E come? Sembra essere un semplice problema di comunicazione fra voi due!»

«Se riusciamo a penetrare tutti e tre in ciò che ora potete chiamare l'"ologramma" del suo sogno, la colpiremo maggiormente, e a livello cosciente gliene resteranno degli elementi più definiti. Tutti quelli che si incarnano, vedete, hanno notato che è più facile imprimere qualcosa nella memoria dei loro genitori durante la prima fase della gravidanza: infatti, a mano a mano che la madre si abitua a vivere con una "presenza", si attenua generalmente la memorizzazione di contatti precisi.

Le anime che si incarnano trovano allora degli stratagemmi per colpire l'immaginazione: ad esempio cercano di manifestare la loro presenza accanto a membri defunti della loro futura famiglia… quello che è importante è spezzare l'abitudine, perché intorpidisce l'attenzione e in seguito svuota la memoria.»

Nel corridoio che conduce alla camera con le tende color malva, d'improvviso sentiamo un rumore di passi e di stoviglie.

«Le sta portando la tisana…» sussurra ancora la nostra amica, osservando il suo futuro padre che si avvicina con un vassoio su cui troneggia un'imponente teiera.

Ma, nel frattempo, all'angolo opposto della stanza, la giovane donna si è già abbandonata al sonno ai piedi del letto, e la rivista le è sfuggita di mano.

«Guardate — dice Rebecca, mentre suo padre posa per terra il vassoio borbottando. — Guardate!»

Ad un metro abbondante dal letto, fluttua la forma luminosa di un corpo, simile ad un nube dai contorni imprecisi color bianco lattescente. Nella sua semplicità, addirittura banale, questo momento ha qualcosa di infinitamente bello... lo percepiamo come una porta che si apre verso un orizzonte nuovo, pronto a ricevere. Uniti nello stesso silenzio, osserviamo; ma per tutti noi, a dire il vero, non c'è più una camera vera e propria. Rimane soltanto una luce azzurrina che s'irradia dal corpo che ora attorniamo e che sembra espandersi in ogni direzione.

Ad ogni secondo che passa, un po' della sua vita viene ad abitare in noi, un po' della sua coscienza che si dilata e ci avvolge. Allora non resta altro che abbandonarsi, e c'è un'ondata di amore totale che prende il sopravvento su tutti i dubbi, sugli interrogativi, su tutto il corteo mentale che con tanta facilità disseziona ogni cosa.

Ad un momento preciso — ma non sapremmo dire quale — tutto si capovolge: veniamo risucchiati da una forza, aspirati in un luogo in cui regna il vuoto assoluto...

Si disegna intorno a noi una stanza ampia e bianca; gli spigoli dei muri, il pavimento liscio e squadrato, tutto nasce progressivamente, come sorto da un chiarore che penetra ogni cosa; lungo le alte finestre che si vanno abbozzando, lo sguardo viene catturato da strane tende di velluto rosso. Poi, proprio quando crediamo di aver colto la totalità di quest'atmosfera, proprio quando il primo interrogativo sta per sorgere, ecco che appare all'improvviso una grande tavola metallica. Su di essa c'è una figura femminile sdraiata, con una lunga camicia bianca, e il profilo del suo corpo suggerisce un parto imminente: il silenzio è totale, quasi freddo, carico di attesa e di interrogativi. Allora, la comprensione si fa strada... è evidente, qualcosa a cui non avremmo mai pensato... siamo penetrati nello spazio mentale della giovane donna addormentata.

Abitiamo il suo sogno per qualche istante, costeggiamo le immagini che il suo inconscio proietta in chissà quale zona dell'astrale terrestre, mondo malleabile a piacimento, universo in cui ogni anima scolpisce la sua luce... o la sua non-luce.

«Mamma?»

La voce un po' esitante della nostra amica d'un tratto rompe il silenzio e quasi sussultiamo.

Per tutta risposta, la stanza si riempie di pensieri disordinati, banali e puerili.

«Oh, queste tende rosse... bisognerà tirarle giù e lavarle... Devo farlo prima di uscire di qui. Non mi resta molto tempo. Il dottore mi ha detto che avevo solo due mesi per lavarle... e non so se la piccola ha fretta...»

«Mamma?»

Questa volta la stanza si riempie di un sospiro profondo, e a mano a mano che questo si esaurisce, la luce che impregna ogni cosa si colora di giallo, poi di azzurro.

«Mamma?» ripete per la terza volta la nostra amica di cui intuiamo la presenza al nostro fianco.

Ora ha un tono quasi autoritario, quasi impaziente. Allora, come se qualche dispositivo avesse messo in moto un processo, una figura interamente bianca si alza sul lettino da parto: nel cuore del tempo che si comprime, vediamo la giovane donna posare i piedi a terra e avanzare tranquilla verso di noi: ha uno sguardo carico di disponibilità, come chi è semplicemente pronto a ricevere. Rebecca o S..., non sappiamo più come chiamarla, si precipita immediatamente verso di lei e le prende le mani come per non lasciarsela sfuggire.

«Ho tante cose da dirti, sai!»

«Lo sospettavo... è proprio per questo che sono venuta... Sai benissimo che la mia malattia è un pretesto per raggiungerti più facilmente. Aiutami a portarti con me. So che sto sognando, voglio portare con me il tuo volto.»

«Non il mio volto, ma il suono della mia voce, il senso delle mie parole e della mia presenza.

È per il nostro equilibrio, mio e tuo, e anche per l'equilibrio di papà. Permettimi di parlarti chiaramente, qui con i miei amici.»

«Mi sembra di conoscerli, i tuoi amici — risponde piano la giovane donna guardandoci però per la prima volta. — Non so... conosco i loro colori...»

Rebecca sorride e qualcosa attorno a noi si addensa: forse è la qualità della luce... intanto la giovane madre deve aver cancellato dalla sua coscienza la stanza con il pavimento bianco e le tende rosse, perché ormai, intorno a noi, si impone l'immagine del suo salotto, quello con l'enorme poltrona. Anche qui tutto sembra molto concreto, perfettamente coerente con la mente che ne sta modellando la trama.

Senza attendere oltre, la nostra amica e la sua futura madre si sono sedute per terra:

«Mamma... vorrei dirti che non voglio nascere nell'acqua. Non so esattamente perché, ma non voglio.»

«Ma se mi hanno detto che sarebbe molto più dolce, per te!»

«Probabilmente sì, ma per qualcun altro... L'elemento liquido dissipa sempre un po' il corpo vitale, e ritarda di alcuni minuti la completa discesa della coscienza. Non so perché, ma io invece devo potermi ancorare subito, è una cosa che fa parte della mia natura. Se non te ne ricorderai, mi arrangerò. Per qualche tempo, vedi, bisognerà che io controlli una tendenza un po' sognatrice ed il contatto prolungato con l'acqua non mi sarebbe di giovamento. Bisogna che mi incarni bene e molto in fretta. È così che i vari elementi dell'etere finiranno di prender posto agevolmente nel mio organismo, e dalla loro stabilità dipenderanno anche la mia autonomia e la mia volontà.

Non intendo dire che quelli che nascono nell'acqua partano sfavoriti... no, non è questo. Al contrario, per alcuni può essere l'occasione buona per assestare, fin dall'inizio, certi elementi della loro personalità, o anche solo del loro equilibrio fisico. Non c'è una regola assoluta, mamma, bisogna semplicemente saper ascoltare!»

«Beh, se devo ascoltare me stessa... vedi, mi piaceva l'idea di accoglierti nell'acqua!»

«Allora, non ci sarà niente di grave. Bisogna che tu comprenda che se l'armonia non dominerà in te quando verrò, avrò molte difficoltà a preservare la pace in me, indipendentemente dall'acqua. Voglio il conforto della tua anima; quanto al resto... ho dei desideri che sono pur sempre solo desideri, ed ho fiducia!

Però c'è una cosa che ti chiedo con maggiore insistenza: non scegliere un luogo in cui provocherebbero o anticiperebbero la mia nascita di qualche ora, in omaggio ad una tabella di marcia che farebbe comodo soltanto ai medici. Anche in questo caso non vi sarebbe nulla di drammatico, ma il mio terzo e quarto plesso potrebbero soffrirne per due o tre anni, rendendomi il sonno più difficile. Tutte le sostanze chimiche che si iniettano in un corpo sono dotate di una controparte sottile che agisce evidentemente sugli organismi che hanno la loro stessa natura vibratoria. Non dimenticare che tutto vive, e che la chimica si prolunga nel mondo vitale.

Se non ci sono difficoltà fisiologiche, lascia che la natura faccia il suo corso: sa quando devo venire e perché devo nascere in un preciso istante piuttosto che in un altro.

Ogni particella del cosiddetto "tempo che scorre", mamma, è in stretto contatto con l'intelligenza della materia: la informa costantemente e carica la sua memoria con infinite modifiche che l'universo vive in permanenza. La luce che va ad alimentare la nostra anima così come le nostre cellule non è mai del tutto identica a se stessa: di secondo in secondo si rinnova e si carica di altri profumi, come il vento che soffia attraverso le foglie ed il cui itinerario e la cui forza si rimodellano continuamente.»

«Sei tu che mi insegni tutto questo?»

«Oggi tocca a me... domani, sarai tu a ricordarmelo... ad ogni modo, è questo che ti chiedo!»

«Non riuscirò mai a ricordarmi di tutto...»

«Sarai in grado di ritrasmetterne l'essenza: grazie ad essa, svolgerai il tuo compito senza creare ostacoli. Quando ci dissetiamo ad una fonte, ne ritrasmettiamo sempre il sapore... anche a nostra insaputa.»

Queste parole ci sono sfuggite dal cuore in modo così spontaneo che ci sentiamo un po' imbarazzati per essere usciti dall'atteggiamento riservato che avevamo avuto fino ad ora.

La giovane madre ci rivolge uno sguardo profondo, uno sguardo che cerca il suo filo conduttore e che sonda... Chi di noi, in fondo alla memoria, non ha mantenuto il ricordo di quei volti sconosciuti, talvolta sereni, sempre enigmatici, che abbiamo incontrato nello scrigno di un sogno?

Questi volti ci lasciano profumi e sapori che la coscienza spesso respinge ma che, segretamente, continuano a lavorare in silenzio.

«Conservane lo spirito, se ti sfugge il significato letterale. Dimentica la parte letterale subito, se senti che già si è radicata nella mente... Se siamo venuti in tre, mamma, è perché la tua anima sia imbevuta di una presenza di pace ancora più forte, e perché riceva un segno: se ti dico quali sono le mie speranze e da quali ragioni vengono ispirate, non è perché tu ne faccia una lista di "desiderata" e li applichi in quanto tali. Ciò che spero davvero, è che tu le senta profondamente, perché è nel profondo di ciò che senti che saprai sempre quanto è più giusto per me, per noi.

La maggior parte dei futuri genitori vengono contattati come accade a te in questo momento, vedi, e fra le molte informazioni che vengono loro trasmesse, si chiede loro soprattutto di imprimersi bene lo sguardo del loro bambino, perché questo è il legame fedele attraverso il quale la memoria, cosciente o no, ritrova e compie la sua funzione e collabora affinché la strada della vita si tracci.»

«Mi hai già parlato di questa direzione verso la quale dovremo lasciarti andare? Se è così, guarda, me ne sono già dimenticata...»

«Sì, ne ho già parlato con tutti e due: ci sono incroci muniti di segnali, nel profondo di entrambi, e so che saprete riconoscerli se la vostra via non tenterà di sovrapporsi alla mia. Talvolta, avrete impressioni o certezze che saranno il riflesso degli schemi abbozzati ora insieme.»

«Perché dici "insieme"? Mi sembra piuttosto che scegli da sola la tua direzione...»

«La scelgo conformemente a ciò che potremo e dovremo vivere insieme; ve la propongo per continuare la nostra storia in comune. Ma sarà sempre una vostra prerogativa accettarla oppure no. Vi costruirò mentre voi costruirete me, e se sapremo mantenere la traccia di ciò che siamo al di là dei nostri corpi, non costruiremo né prigioni né costrizioni da portarci addosso, ma pagine che impareremo a voltare con un unico gesto.»

«Sai dunque in cosa consisterà il domani?»

La giovane donna ha sentito il bisogno di alzarsi, nel rivolgere questa domanda, e il suo interrogativo ha generato nello spazio una luce giallastra che tradisce la paura; i muri illusori del salotto si sono allora ravvicinati, specchi perfetti di uno spazio mentale che si comprime.

«Non so esattamente come sarà il domani – riprende Rebecca con voce piatta. — Mi hanno insegnato soltanto come noi potremo costruirlo: mi hanno mostrato quali erano le porte che si sarebbero aperte e quelle che si sarebbero chiuse, mi hanno, insomma, istruita un po' di più sul ritmo della vita terrena nel quale ho visto una successione di ineluttabili necessità interrotte da opportunità meravigliose.»

«Che cos'è ineluttabile?»

«La trasformazione... la trasformazione, mamma. La materia stessa di questo mondo in cui vivremo insieme è entrata in mutazione. Non obbedisce già più alle stesse leggi di un tempo. Il corpicino che stai aiutando a modellare in questo preciso istante già non si conforma più del tutto alle regole apparentemente ineluttabili delle generazioni passate: le sue molecole hanno acquisito una maggiore raffinatezza, e possono allargare il loro campo di combinazione e di estensione. La materia è intelligente, ti ripeto: prende coscienza di sé di epoca in epoca. Le cellule imparano a pensare ad immagine dell'anima che le genera, imparano ad amare se vengono invitate a farlo. Ognuna di esse deve diventare un sole lì dove è posta, e questa facoltà di autocoscienza delle cellule permetterà al mondo di aprirsi e di fare un balzo verso la Luce. Tutto questo si tradurrà nella possibilità di una più grande rigenerazione dei tessuti, purché il nostro mondo interiore si liberi delle proprie catene.

Intendo dire, vedi, che ci verrà data una opportunità straordinaria di crescere anche nel fisico... Bisognerà soltanto che il nostro cuore segua questa nuova proposta della Vita, e la faccia sua. Ecco perché il feto che ospiti, e molti di quelli che, come lui, attendono il loro momento, hanno la possibilità di nascere più coscienti di prima, con il centro del cuore più dilatato.»

«Nel profondo di me stessa sento che cosa significano questi centri; non ne ho una visione chiara, ma mi pare corrispondano ad un'antica conoscenza mascherata da non so quale guscio.

Ci sono momenti durante il giorno o durante la notte in cui ti sento più presente in fondo a me... Questa sensazione, è dunque dovuta alla forza della tua coscienza o all'attivazione di questi centri?»

«Forse contemporaneamente a tutti e due... ma vedi, è pur vero che a seconda dei ritmi della giornata i plessi di un feto si dilatano o si restringono e, di conseguenza, modificano i rapporti tra madre e figlio. Non servirebbe a nulla, però, tentare di memorizzare i particolari di questo orologio sottile; ti basti sapere che, in qualsiasi istante, uno dei plessi del mio corpo in via di perfezionamento è sempre come una porta aperta sul medesimo plesso nel tuo

corpo. Parlerò ora del centro del cuore, in entrambe: quando desideri comunicarmi qualcosa o, inversamente, quando speri di ricevere qualcosa di me, serviti di quest'itinerario privilegiato tra noi.»
«Ma come?»
«Come? Ma... senza troppi interrogativi! Basta che tu metta semplicemente tutto il tuo amore nel centro del petto, come una bella palla di luce, poi, per alcuni istanti, non proiettare nulla verso di me, non tendere neppure la tua volontà, ma rivolgiti a me semplicemente come se fossi già lì, in piedi davanti a te, perché in realtà sarò presente, richiamata dalla tua sincerità. Là da dove vengo ho imparato che la semplicità è sempre la via più diretta.»

Intorno a noi, d'un tratto, la luce è attraversata da una striatura; il salotto e l'imponente poltrona si dissolvono come colpiti dal tuono, un tuono che sentiamo quasi nel centro del nostro corpo.

Intorno, nello spazio immacolato che ha preso il sopravvento, non resta ormai più nulla del sogno della giovane donna: il suo spazio mentale è andato in briciole, ed eccoci tutti e tre soli con noi stessi, alla ricerca di un nuovo equilibrio. Ma, immediatamente, i muri della camera color malva sorgono dal nulla, riprendono posto intorno a noi, quasi sotto di noi, tanto da sentirci sospesi in un punto impreciso del soffitto.

Tutto è invaso dal crepuscolo e la madre di Rebecca, cristallizzata in una specie di semi-coscienza, con la fronte aggrottata e gli occhi un po' stravolti, appare di nuovo sul letto. La sua figura tenta lentamente di alzarsi, una mano emerge dalla trapunta alla ricerca di un interruttore, da qualche parte, sul comodino.

In fondo al corridoio, intanto, risuona una voce forte, intempestiva, maldestra: sappiamo subito, per intuizione, che è un fattorino. A lui dobbiamo questo brusco ritorno ad un'altra realtà.

Sospiriamo; interiormente... ci resta l'impressione di

qualcosa di incompiuto. Il volto della nostra amica ci passa davanti mentre percepiamo la presenza del suo corpo così minuto che sembra cercare protezione; in un sussurro, le sfugge:

«Pazienza... continueremo più tardi...»

Rebecca non ha neppure il tempo di dire altro, che una porta sbatte all'altro capo dell'appartamento.

«Chi era?»

«Niente... solo un fattorino che aveva sbagliato piano! Ti ha svegliata?»

«Ascolta, non so dov'ero... ho fatto uno strano sogno. Prima ero in una specie di maternità e poi, senza sapere come, mi sono ritrovata a chiacchierare in salotto: è un po' sfocato, ma c'erano tre persone che conoscevo ed era come se fossi a scuola, con una bambina che mi parlava in continuazione. Non so più di cosa parlassimo, ma era qualcosa di intenso, e ho quasi voglia di piangere... come se avessi chiuso troppo presto un libro con una bella storia.

Mi chiedo davvero se non sia lei che viene a trovarmi — continua la giovane donna, appoggiando una mano sulla rotondità del ventre. — Ma non prendermi in giro!»

Il padre di Rebecca finge di non aver sentito, e prorompe in un'allegra risata:

«Su, questa è la volta che tolgo dal muro quel poster. L'ho guardata anche troppo, questa spiaggia! Se domani stai in piedi, potremmo andare a comprarne un altro.»

«Cosa succede, papà? Cosa succede? Ogni volta che parli di questa immagine, sento qualcosa che mi si contorce dentro. Passa subito, ma fa male. Ho sempre paura che questa cosa mi allontani da qui, mi allontani da voi.»

La nostra amica si è quasi aggrappata all'aura di suo padre, cerca di fondersi con la moltitudine delle sue radianze, forse con la speranza di farle parlare, di sottrarre loro un vecchio segreto. In lei c'è un sentimento simile alla rivolta, contro il quale sappiamo di non poter far nulla perché non si piegherà alla ragione; si nutre della sua propria logica, e da essa trae una forza quasi viscerale. Siamo ormai certi che quella logica sia il frutto di un evento di molto tempo fa, che deve averla ancorata profondamente nella catena degli atomi-seme. Quanto tempo ci vorrà per metterne a nudo gli ingranaggi, per indebolirne l'insieme e liberare infine la molla?

Mentre il poster viene arrotolato e poi abbandonato in un angolo, abbiamo osservato che la nostra amica si è lentamente allontanata da suo padre, e cerca in sé e nel nostro sguardo una nuova energia.

«Non è niente — finisce col dire, abbandonandosi per la prima volta fra le nostre braccia. — Un giorno sicuramente capirò... Mi sono anche chiesta se non sarebbe stato meglio tornare in un corpo maschile... Probabilmente proprio per queste reazioni che non riesco a capire!»

«Perché? Potevi scegliere, S...?»

«Sì, ad un certo punto potevo scegliere. I miei amici me lo hanno detto chiaramente, ma nella mia anima c'è un fibra femminile talmente radicata che ho capito immediatamente che avrei fatto violenza a me stessa. Certo non è questo lo scopo, una violenza che il corpo può infliggere all'anima; perlomeno non è il mio scopo. Alcuni a volte devono accettarla, ma io sono troppo femminile per poter vivere armoniosamente un'eventualità di questo genere, non credete?»

Non ci rimane che sorridere e poi ridere in risposta a questa affermazione della nostra amica, e basta questo perché i tratti del suo volto si rilassino.

«È vero — dice, come per giustificarsi ancora — un'anima ha una polarità ben precisa, e non è sempre facile assumerne momentaneamente un'altra!»

«Hai già vissuto sotto le spoglie dell'altro sesso, in una delle tue vite?»

«È un'esperienza che abbiamo fatto tutti, non una ma molte volte, potete esserne certi. Sul piano universale, questo corrisponde ad una legge di equilibrio e di compensazione...

proprio come ci accade di cambiare razza, anche se ce n'è una che rappresenta in modo particolare il nostro punto di attracco.

Ho visto, ora, che ci sono necessità alle quali si deve far fronte: non serve a niente filosofeggiare a lungo sulla loro presunta realtà o utilità, perché incarnano l'assoluta equità.

Per non parlare che di me, so (perché l'ho rivissuta interiormente) che molto tempo fa ho condotto una vita al femminile fra i popoli del Nord, durante la quale ho disprezzato la natura maschile; come molte mie compagne, in quel tempo, ho abusato del mio potere, del mio ascendente in una società costruita in base a regole matriarcali. C'è voluto molto perché capissi l'evidente buon senso della complementarità... e non sono la sola.»

«Immaginiamo che non sia bastato pensarci sopra, per riequilibrare i piatti della bilancia...»

«Già. Allora, vedete, la Vita mi ha chiesto a più riprese di assumere il corpo di un uomo per ammettere le sue reazioni e apprezzarne la dignità; la prima di queste esistenze mi è stata davvero imposta dalle guide di Luce. La loro motivazione e la loro volontà erano giuste: questi esseri fungevano soltanto da intermediari o da interpreti della Legge universale, ma la mia anima era cieca in questo campo, e ha rifiutato il cambiamento di stato che dovevo sperimentare: ecco perché, per tutta una vita, dotata di un corpo maschile e di una coscienza che aveva rifiutato in blocco di adottare un comportamento maschile, ho vissuto la difficoltà dell'omosessualità.

Naturalmente, non tutte le incarnazioni di questo genere sono dovute ad origini della stessa natura, ma credo che sia un esempio che parla da solo.»

«Il nucleo del problema, S..., non è forse in quella vecchia nozione di "rifiuto" che abbiamo tutti tendenza a riprodurre?»

«È proprio quello che mi è stato insegnato e che ho imparato, avendolo vissuto sulla mia pelle. Questo rifiuto ostinato di un corpo maschile mi ha obbligato, dopo quell'esistenza di cui vi ho appena parlato, a rinnovare l'esperienza, e questa volta ha vinto l'orgoglio: il mio modo di vedere gli uomini era ancora talmente sfalsato e pieno di pregiudizi che, per incarnarmi di nuovo, ho riprodotto quella che credevo essere sistematicamente la peculiarità del sesso maschile: mi sono infatti costruita una vita da signorotto di campagna che opprimeva le donne e spesso ne abusava.

Sapete, amici miei, com'è che sono riuscita a superare questa difficoltà? Accettando, dopo mille circonvoluzioni, un'esistenza rassegnata nell'harem di un sultano! Inizialmente era una punizione che volevo infliggermi, e avrei probabilmente vissuto solo frustrazioni e sterili umiliazioni se le guide di Luce non avessero provocato incontri capaci di disinnescare in me ogni rancore.

Ora credo che la vera scoperta di me stessa e della bellezza della Vita sia cominciata con la comprensione che sbocciò in me proprio alla fine di quella esistenza.

Ecco dunque in breve la storia, tutto sommato banale, di un'anima altrettanto banale alla ricerca dell'equilibrio delle polarità. Se pensate che possa essere d'aiuto, raccontatela... Ora, per tornare al presente e a ciò che mi unisce a mio padre, è tutta un'altra cosa.

Se non voglio sfondare le porte, non voglio neppure richiuderle, cosa che avrei fatto tentando di assumere un corpo maschile. È un'intuizione molto forte.»

Nella camera dei genitori di Rebecca la vita notturna a poco a poco si è organizzata: con le gote ancora accese dalla febbre, la madre della nostra amica beve a piccoli sorsi una scodella di minestra, mentre il suo compagno si è seduto sull'orlo del letto, con aria stanca ma soddisfatta; e raschia meccanicamente un motivo della trapunta con l'indice.

«Tutto sommato — si arrischia a dire — sono davvero contento che l'ecografia ci abbia detto che è femmina...»

«...Perché, credi davvero che l'abbia detto l'ecografia?»

Davanti ai suoi genitori che scherzano e si sorridono,

Rebecca a poco a poco si allontana da noi e si rannicchia in quel punto della stanza in cui nascono, tra due aure, una certa qualità di pace, una certa purezza di luce.

Che ci resta dunque, se non scomparire?

Al di là dell'oceano e delle terre, due corpi sono in attesa, e bisogna raggiungerli per poter trascrivere... questo settimo scalino.

CAPITOLO 8

Maggio

Galleggiamo nel cuore di una sfera di luce gialla... attratti nella sua fresca e dolce sostanza dallo stesso slancio, dalla stessa fiducia che ci hanno sempre uniti a colei che non è più Rebecca. La sua materia è stranamente viva, perfettamente tangibile, quasi malleabile, e suggerisce contemporaneamente uno spazio chiuso, ben circoscritto dalla forza che lo genera, ma anche paradossalmente illimitato, o perlomeno estensibile all'infinito.

In essa circolano delle correnti, come onde sulla cui cresta captiamo frammenti di parole ed immagini furtive, fragili come barchette di carta. Questa luce, queste parole, queste immagini, come obbedendo ad un'orchestrazione misteriosa, sprigionano tutte insieme un odore, o meglio un profumo familiare.

Siamo "a casa sua" sicuramente, perché questa materia avvolgente assomiglia troppo allo schermo dei suoi pensieri. Oseremmo dire che dopo questi mesi di comunione intensa ne riconosciamo quasi istintivamente la trama! "Dimmi ciò che pensi e ti dirò..." La sfera mentale di chiunque non potrà che essere sempre unica, come un'impronta digitale dell'anima: è un libro che parla da sé!

«Siete qui? Vi sento così vicini... Permettetemi di chiudere gli occhi... Devo ancora rimanere così... ancora un po'... nel ventre di mia madre. Voglio ancora fermare il tempo, rallentare il flusso dei miei pensieri per visitare meglio il corpo e la Terra che mi accolgono.» Ci sfugge un sorriso interiore e restiamo in silenzio, per rispettare il crogiuolo di cui ci è stato aperto l'accesso.

In questo oceano di luce, lentamente e come se una nuova soglia fosse stata varcata dentro di noi, si fa intendere il battito di un cuore: da questo intuiamo che le nostre vibrazioni ci hanno avvicinati alla Terra. Abbiamo inoltre il presentimento che fra poco il ritmo lento del flusso sanguigno penetrerà in noi.

Facciamo il punto della situazione, e qualcosa ci dice che siamo nell'aura mentale della nostra amica, la quale avvolge a sua volta quella di sua madre per ricoprirla di pace. Non è una volontà ad esprimersi in questo modo, ma una necessità di vacuità a cui anche noi, per qualche istante, ci abbandoniamo. Poi, la voce di S... nuovamente tintinna come un campanellino, mentre intorno a noi il chiarore si agita e prende a danzare quietamente.

«Mi sforzo di abitare qui sempre di più — dice. — Di giorno in giorno, il mio corpo è sempre più simile ad un appartamento nel quale imparo a spostarmi; ci sono stanze che non conosco ancora, ma le porte si aprono una dopo l'altra, tranquillamente. Quelli che frequento di meno sono i lunghi corridoi delle mie gambe e dei miei piedi...»

«S..., puoi dirci...»

«Sì, vorrei dirvi che ora vi vedo, o meglio intuisco i vostri contorni, proprio come percepisco con chiarezza la sagoma della mamma. Siete in me, siete tutti in me, proprio come questo mondo che cercherò di amare.

È poco tempo che so queste cose... Voglio dire... che ho capito che la mia qualità di amore e di quiete può espandere la radianza dei miei corpi sottili fino ad inglobare la radianza di mia madre... e talvolta anche quella di coloro che amo. Ecco perché siete tutti in me in questo momento, perlomeno in questo campo di forza che la mia mente e il mio cuore uniti riescono a creare.

No, vedo cosa state pensando... Non sono eccezionale.

Ora so che all'ottavo mese di gestazione l'anima che sta tornando ha sempre l'opportunità di sollevare un altro velo e di rinascere un po' di più rispetto a se stessa, prendendo coscienza della propria potenziale ricchezza. Vedete, so anche che dilatando la mia aura al di là di quella di mia madre posso comunicare con lei diversamente da come faccio in sogno, ed in modo più costante.

Allora, ciò che la mamma chiama "impressione" o "intuizione" è semplicemente comunicazione...»

«È così per tutti, per ogni famiglia?»

«Tutti hanno le stesse possibilità: metterle in atto è questione di apertura del cuore, di chiarezza di coscienza.

Così, amici miei, questa sensazione di unità con il bambino che si appresta a nascere che spesso sentite raccontare dalla madre e, purtroppo, più raramente dal padre, non si spiega soltanto sul piano viscerale o biologico: risulta dalla compenetrazione delle aure, e in particolare delle aure mentali. In questo preciso istante, se la mamma è fisicamente incinta del mio corpo, io mi sento psichicamente incinta di una parte di lei... a causa di quella parte della mia energia che circola in lei.

È un equilibrio che bisogna creare e poi mantenere, non soltanto fino alla nascita ma ancora per diversi anni, perché ha un'influenza sul metabolismo.»

«Ti è difficile parlarne? Ci rendiamo conto che hai bisogno di un po' di pace, e che forse preferisci goderti l'attimo presente.»

«Mentirei se dicessi che mi è facile fornirvi tutte queste informazioni; mi sarebbe certamente più facile lasciarmi andare, ma non ho mai dimenticato che ho preso l'impegno di parlare per coloro che vedono nella vita qualcosa di diverso da un sapiente ingranaggio di reazioni chimiche ed elettriche. E poi, forse senza saperlo, mi state aiutando: questo compito agisce su di me come un sole che mi obbliga a maturare in modo più intenso; mi state lavorando, mettendomi in un certo senso di fronte alle mie tempeste e ad ogni più piccola mia metamorfosi.

Quello che mi aiuta di più, sapete, è probabilmente la necessità di esprimermi in modo adulto: dacché la nozione di tempo terrestre ha iniziato a segnare con forza il mio essere, ovvero dal sesto mese, l'esiguità del mio corpo fisico mi induce ad atteggiamenti mentali che mi rivoltano ed in ogni caso mi provocano degli accessi di collera.

In effetti, più il mio corpo pesa, più vi resto a lungo e più mi sento catturata in periodi di intontimento... cerebrale o, per meglio dire, di pigrizia intellettuale; così, se non fossi sollecitata dalle necessità di questo mio compito, avrei tendenza a vegetare sotto l'attrazione della Terra più di quanto voglia. So che si tratta di una legge generale imposta dal tasso vibratorio del pianeta, ma so anche che non è qualcosa di ineluttabile.

Ho capito bene che il risveglio non viene da solo. Vorrei che tutti i genitori fossero coscienti di questo, affinché il loro atteggiamento durante e dopo la gravidanza cambiasse un po'...»

«E come deve cambiare?»

La nostra amica non risponde subito: in quella sua presenza avvolgente intuiamo un po' di imbarazzo, qualcosa di divertito, ma soprattutto la volontà di non essere fraintesa, di trovare le parole appropriate.

«Bisogna... bisogna smettere di trattare come bambini quelli che tornano! Bisogna rivolgere loro parole che siano parole e frasi che siano frasi, e slanci che non si riducano a tentativi di annessione della loro personalità di neonato. Intendo dire che sono adulti che tornano fra altri adulti, e che i loro genitori devono mantenere la coscienza aperta, smettendo di rivolgersi loro con termini e nozioni deformati e atrofizzati.

Credetemi, se non lo faranno, riempiranno loro la coscienza di sonniferi. Non voglio dire con questo che comprendiamo tutto del mondo terreno quando siamo nel ventre della madre, e neppure le prime volte che ci prende fra le braccia; voglio soltanto suggerire che noi osserviamo e comprendiamo molto più di quanto sembri e che non bisogna obbligarci a regredire, affogandoci nei cinguettii: bisogna offrire tenerezza... senza dimenticare un granello di intelligenza. Abbiamo sete di amore e di latte, ma abbiamo anche sete di crescere.

Prima di tornare al vostro mondo, ho visto immagini di genitori che parlavano di metapsichica con il loro futuro bambino, ed altri che facevano al loro neonato lunghi discorsi ricercati: naturalmente non sono queste posizioni esagerate e in un certo senso ingenue, quello che vogliamo; prego solo che i miei genitori e tutti i genitori si rivolgano ai loro bambini con concetti e parole semplici ma che abbiano un significato ben strutturato; se così non sarà, le forme-pensiero che si lasceranno sfuggire (e che spesso sono disordinate e infantili) soffocheranno quelle del neonato che avranno fra le braccia.

È poi così difficile trovare il giusto mezzo? Quando nasciamo sulla Terra non abbiamo bisogno né di una luce abbagliante né di un'ombra che ci serva da tranquillante.

Le forme-pensiero nate dalla radianza mentale dei genitori prendono facilmente il posto di quelle del neonato la cui aura ha poche difese; da quel momento in poi, agiscono come un fermento e un agente pacificatore, oppure come un coperchio di piombo e un agente di disgregazione: purtroppo, molto spesso ci sono genitori che soffocano la radianza mentale del loro bambino fin dai primi tempi, perché non vedono in lui un'individualità da canalizzare e rispettare, ma una materia da modellare che appartiene loro totalmente. I miei amici mi hanno insegnato che certi ritardi nello sviluppo del plesso della laringe potevano essere spiegati in questo modo, e ho anche capito che un atteggiamento errato di questo genere rallentava l'ancoraggio dei corpi sottili al corpo fisico. Dovete ammettere che tutto questo non richiede conoscenze straordinarie, ma una logica semplicissima che il buon senso consente di applicare facilmente.»

S... di nuovo sprofonda in un silenzio che sentiamo come indispensabile; per lei, dev'essere come la boccata di aria pura che sogna il subacqueo in apnea. Perlomeno, è quanto abbiamo percepito stando a contatto con lei, e considerando lo sforzo che ormai è manifesto nella voce.

Nel cuore del nostro oceano di chiarore giallo, non ci giunge altro che il battito regolare di un cuore, grazie al quale perdura nella nostra coscienza la realtà di un universo fisico: è come un punto di riferimento che non vogliamo perdere. Sicuramente S... l'ha intuito, e mormora:

«Sì, è proprio il mio cuore quello che sentite... Le comunicazioni tra i vari corpi del nascituro sono così fluide che, in realtà, questi corpi sono come un'unità globale. Vedete, è solo al momento della nascita che tutto comincia a separarsi, a dividersi in compartimenti stagni.»

«Non ti succede di vivere questi compartimenti stagni come limitazione o regresso?»

La luce in cui siamo immersi si fa improvvisamente più acida, e minute striature di colore indefinibile cominciano ad attraversarla, anche se solo per un attimo.

«Oh... dovrei dirvi di sì... perché è proprio quello che mi succede. Però, so che in realtà la risposta è "no". Non c'è alcun regresso. La suddivisione relativa che si insinua fra i vari corpi nel momento della nascita, deve essere vista in realtà come una barriera di sicurezza affinché le innumerevoli percezioni e la sensibilità generale dell'essere non siano a fior di pelle; tutta la strada della vita e l'apprendimento della saggezza consistono, giustappunto, nel ristabilire progressivamente e in modo equilibrato questa fluidità fra i vari livelli della Vita.

Ora, amici miei, sulla soglia del nuovo corpo che mi è offerto, vedo più che mai la Vita come una serie di perdite... o meglio come un modo di affrontare la nozione di perdita: perdita di tutto ciò che non è ciò che siamo veramente: abbandonare le paure, mandare in briciole le zone proibite, spogliarsi della maschera.»

«Parli di paura... ce l'hai ancora, di quando in quando, ora che il tuo corpo è pronto per il primo pianto?»

«Se non ne avessi più, potrei facilmente prendere possesso di quel corridoio un po' freddo, quello delle mie gambe. Chi ha ancora timore di mettere radici nella carne, ha sempre difficoltà ad abitare quella parte del corpo... Ora capite il perché di certi problemi di circolazione? Siamo tutti gran maestri nell'arte dell'autocensura e dell'autoasfissia!»

«Eppure tu eri felice di assumere un abito nuovo, un'altra identità...»

«E lo sono ancora... La mia paura residua, è sempre di non essere all'altezza di ciò che quell'accidenti di ego si è prefissato come obiettivo: mi restano solo più quattro settimane per dominarla! Dopodiché, sarà molto più difficile da sradicare.»

«Per dominarla, sicuramente no: per perderla, sì!»

In risposta, S... scoppia a ridere, una risata cristallina e quasi puerile, in contrasto con la maturità delle sue parole.

«Un mesetto solo per disinnescare un grosso ego! — aggiunge con lo stesso slancio di gioia mentre, nella luce che ci unisce, grandi lingue di fumo color rosa disegnano un fuggevole arabesco. — Non potete immaginare quali sementi spargiamo in noi stessi mentre il nostro corpo si modella!

Ascoltate... la mia ultima esistenza sulla Terra si è conclusa con una malattia che improvvisamente mi ha compromesso il fegato: in quell'epoca, durante le mie ultime settimane, provavo una vera e propria disperazione davanti all'inesistenza di un rimedio appropriato, e ho rivissuto tutto questo poco tempo fa, mentre credevo di averlo dimenticato. L'atomo-seme del mio corpo emozionale ha messo in moto questa reminiscenza, sotto l'impatto di una specie di esame di coscienza (forse eccessivo) che mi sono imposta. Facendo rinascere in me il timore di una fragilità epatica, ho permesso che sul mio corpo fisico si manifestasse una macchiolina, che apparirà a fior di pelle precisamente in corrispondenza del fegato.

Istantaneamente, ho sentito un pizzicore che ne annunciava la nascita: non so se questo segno sarà persistente o se invece si cancellerà rapidamente, ma so che questo dipenderà dal "non-attaccamento"[3] e dalla fiducia che dovrei sviluppare, soprattutto nei primi tempi. Vi parlo di questo fenomeno perché spiega bene un meccanismo molto frequente, e la presenza della maggior parte dei segni che appaiono sulla pelle al momento della nascita.»

«Ci stupisce sentirti usare il termine di "non-attaccamento" in questo caso; ci si può dunque aspettare il "non-attaccamento" da parte di un neonato? Può egli dominare timori o ansie?»

«Certo che può, perché nella maggior parte dei casi, mi hanno detto, restano in lui per alcuni mesi frammenti di ricordi molto precisi; il ruolo dei genitori, a questo punto, è molto importante, non solo per il tenore dei loro discorsi, ma anche e soprattutto per l'autenticità dell'amore che emanano. L'amore, vedete, il vero amore (e non quella specie di negoziazione affettiva a cui si affibbia quello stesso nome) viene sempre recepito dal neonato sotto forma di fiamme che si sprigionano dagli esseri, ed hanno un color rosa molto particolare, talvolta aureolato di arancione.

Non si può mentire a un neonato! Non sono le parole che comprende (sebbene possa averne assimilate un certo numero nell'aura dei genitori), ma le vibrazioni intime di ciò che lo circonda.»

Mentre la nostra amica pone la massima cura nello scegliere queste sue parole, l'infinita nube di luce gialla in cui ancora siamo immersi comincia una lenta metamorfosi:

---

3 N.d.T.: il termine francese "lâcher-prise" va inteso come "non-attaccamento" non solo rispetto a ciò che si desidera, ma anche rispetto al non volere assolutamente qualcosa. È questo il caso della protagonista che ha paura (cioè: non vuole, rifiuta) che si ripeta l'esperienza della malattia. "Non-attaccamento" è sinonimo di libertà dal volere e dal non-volere.

per alcuni minuti, viviamo come dentro ad una nebbia leggera che un alito di vento disperde, incapaci di sapere dov'è il corpo della nostra coscienza e di ancorarlo ad un riferimento tangibile. Dobbiamo accontentarci di essere, mentre tutto si muove ed una vita segreta si sviluppa nello spazio intorno a noi.

Una forza ci tira lievemente indietro... poi, tutto diventa bianco e caldo come in un morbido bozzolo.

«È il nido della mia anima — mormora una voce infantile; — ormai esco da qui solo per raggiungere la mamma.»

Poco lontano da noi, in un punto del "bozzolo", una bambina nuda piccolissima è seduta "per terra". I suoi occhi ci sembrano smisurati, stranamente spalancati, e ci osservano con un'intensità quasi imbarazzante.

«Sei proprio tu, S...?»

Domanda assurda, ma che non abbiamo potuto trattenere, e a cui la piccola presenza risponde con un bel sorriso.

Quanto tempo restiamo così, a contemplarci l'un l'altro?

Non sapremmo dire, ma sicuramente qualcosa di commovente si esprime attraverso quel muto contatto; non possiamo definire la forza che abita in lei, ma sappiamo che esiste ed è questo che conta, perché parla di luce e di complicità.

«Come andare oltre la camera di compensazione senza spogliarsi del superfluo? — Sussurra la forma minuta, con un accento divertito nella voce. – Tra la vecchia che si prepara a morire e la bambina che si appresta a nascere, c'è così poca differenza...

Vecchiaia, giovinezza... più vengo verso di voi e meno so che cosa vogliano dire! E posso dirvi che tutti i neonati hanno questa stessa sensazione nel cuore: uno stranissimo miscuglio di speranza e frustrazione, di rimpianti, gioia e impazienza.

Talvolta, quando involontariamente il mio corpo si solleva nel ventre di mia madre, sotto l'impulso degli elementi che portano a compimento la loro unione, mi accade di desiderare di aprire la porta e farla finita; allora, stranamente, ho voglia di imparare di nuovo a respirare qualcosa che non sia la Luce. In questi momenti, c'è come un soffio interiore che mi dice "no, no". So che potrei andare oltre e affrettare il mio arrivo, perché il libero arbitrio ci è dato fino in fondo, ma so anche che senza una ragione importante la mia decisione non sarebbe giusta.»

«Vuoi dire, S..., che sai già il giorno preciso e l'ora della tua venuta...»

«Naturalmente, e questo non ha niente di straordinario: accade a tutti quando ci apprestiamo a nascere, a meno che non viviamo questo processo in modo particolarmente incosciente. Ci sono esseri grandissimi che ci guidano e decidono di queste cose, perché a parte alcune intuizioni molto forti e prive di senso, non manifestiamo una capacità abbastanza elevata di vedere le cose per prendere da soli la decisione migliore.»

Queste parole si colorano di nostalgia non dissimulata, e simultaneamente ci lasciamo assorbire nell'immensità chiara del suo sguardo. A dire il vero, preferiamo abbandonarci totalmente ad esso, quasi a perderci nei suoi occhi e dimenticare l'universo semi-informale che ci avvolge, perché la sensazione che proviamo davanti a S... è ormai davvero strana: nasce da questo incredibile contrasto fra il corpicino gracile e apparentemente così fragile, ed un pensiero tanto adulto.

Lo sguardo di S... è il giusto testimone della maturità della sua anima e dello sviluppo del suo cuore, ed ecco perché in questo momento non cerchiamo nessun altro orizzonte.

«E chi sono, questi grandissimi esseri a cui alludi?»

«Oh... li ho visti una volta soltanto... e proprio all'inizio, quando ho saputo che dovevo tornare. Sono esseri distinti dagli amici che mi hanno guidata sulla strada del ritorno; se ve li descrivessi, chissà quanti riderebbero nel leggere le vostre pagine! Di fatto dovrei servirmi di parole che finirebbero col dipingerli un po' come gli angeli, secondo l'idea un po' ingenua che se ne ha sulla Terra! Se volete, si può dire che lo siano, ma io preferisco utilizzare un vocabolario meno puerile e soprattutto che evita le "etichette". Diciamo piuttosto che sono esseri il cui corpo è ormai pura luce, e che vogliono comportarsi, in primo luogo, come fratelli maggiori o sorelle maggiori... proprio perché la loro anima è più aperta della nostra, è più vicina al Sole!

Quelli che si sono presentati a me non mi hanno rivolto la parola, ma di per sé, l'ondata di amore con la quale mi hanno accarezzata ha deposto nella mia coscienza una specie di orologio interno di alta precisione che devo rispettare con assoluta umiltà.

Posso dire che nascerò sotto il segno zodiacale nel quale sono morta l'ultima volta; avviene lo stesso per ognuno di noi, perché per tutti è sempre la stessa "storia" che continua, anche se ci scambiamo i ruoli da un capitolo all'altro. Quanto a questi grandissimi esseri di luce, posso aggiungere che non vengono dal mondo delle anime... o, se non altro, vengono dalle sue estreme frontiere con il Sole che respira al di là.

Ad ogni modo, quello che ho ricevuto da loro, probabilmente per lo spazio di un attimo, mi ha lasciato anche una piccola stretta al cuore; non è tristezza, anzi: sembra piuttosto gioia, la gioia confusa di aver ritrovato in qualche modo il sapore di un orizzonte che conosco da sempre ma che non riesco a determinare.»

L'oceano degli occhi della nostra amica scintilla e comprendiamo che c'è un argomento che aspetta pazientemente di essere affrontato.

Con una risata infantile un po' disarmante, finisce col suggerircelo lei stessa... poi scende un silenzio profondo e bello che dura il tempo di una inspirazione, di un ritorno a sé.

«Non so come dirvelo. Vorrei ritornare sulla nozione di Dio perché ora ho troppo paura di ciò che significa nella lingua degli uomini. È diventato un'arma per i settari ed i fanatici, un pretesto per alzare nuove barriere; naturalmente non temo di dirlo ad alta voce, credo in Dio, ma certo non in quel dio umanoide, limitato e limitante che la maggioranza degli abitanti della Terra ha immaginato. Il Dio al quale ho cominciato ad avvicinarmi soprattutto nel mondo da cui provengo non ha nulla che si possa definire con un nome, e neppure con una frase: è un'energia d'amore incredibile e sconvolgente, che può manifestarsi attraverso la più piccola cosa esistente nell'universo. È anche simile ad una coscienza che impregna tutto e nella quale nasciamo e cresciamo. Infine, e lo so profondamente, è assolutamente indissociabile da tutti noi. Preferisco non dargli alcun nome per continuare a vederlo in tutto ed in tutti: potete chiamare questo mio atteggiamento deismo o panteismo, non ha nessuna importanza perché è una visione che genera gioia nel mio cuore... e la gioia non è forse lo scopo di ogni vita?

Ecco, dunque, per quel che mi riguarda... e per quel che riguarda anche coloro che erano e che tutt'ora sono miei amici nel mondo da cui provengo; ma certamente vi sono sfere di esistenza in cui questo concetto è molto più limitato. Mi sembra importante segnalarvi che mai, negli universi cosiddetti "immateriali", una guida impone una visione limitante di Dio. È ammesso l'ateismo ed è rispettato quale uno stadio inevitabile, talvolta indispensabile, lungo la strada della presa di coscienza. Ciò che chiamate "morte" non solleva tutti i veli con un'unica folata di vento, e ciascuno avanza al proprio ritmo, armato soltanto del suo coraggio e del suo libero arbitrio. Vedete, bisogna sapere che un'anima che torna nella materia può deliberatamente scegliere l'ateismo... a volte per controbilanciare un eccesso opposto vissuto in precedenza. Mi è stato insegnato che un misticismo sbrigliato può condurre ad una simile presa di posizione; prima di trovare il suo punto di equilibrio, spesso un'anima ha bisogno di sperimentare i poli estremi. I casi sono numerosi quanto gli individui, ma non sarebbe giusto parlare di maggiore o minore maturità di un'anima basandosi sul semplice fatto che sia credente o atea. È la luminosità del suo cuore che importa, non la filosofia o la religiosità che mostra esteriormente.

Conosco un'amica, un'amica che mi è molto cara e che, in questo stesso momento, sta prendendo corpo sulla Terra: ha la ferma volontà di rifiutare qualsiasi nozione di Dio, ha bisogno di sperimentare questa visione del mondo per un certo tempo, perché durante un'esistenza precedente non poteva ammettere per nessuna ragione che si potesse considerare la vita da un punto di vista diverso dal suo. Ora, vedete, si appresta a combattere l'intolleranza dentro di sé.»

«Sai se vi sono anime che si incarnano deliberatamente con una volontà di fanatismo religioso o simile?»

«Ho visto che non ci si incarna mai con la volontà di essere fanatici; quelli che vivono quest'esperienza subiscono le loro pulsioni e le loro incomprensioni, ma non le hanno... programmate. Il fanatismo, amici miei, mi è stato spiegato come uno slittamento dell'ego che ha paura di ciò che non conosce e che non riesce a definire. È, insomma, il risultato del concetto perverso di un ideale vissuto come punto di riferimento assoluto di questo ego, di fronte al proprio bisogno di sentirsi rassicurato...»

A questo punto della spiegazione, la voce della nostra amica si interrompe bruscamente: la figura sottile della bambina ha ormai ripreso posto interamente nel nostro campo visivo, ma sembra che abbia captato qualcosa, un qualcosa che le impone di ripiegarsi su se stessa. Con estrema lentezza e delicatezza, la sua schiena si curva, la fronte va a raggiungere le ginocchia sul "suolo" lattescente; dal profondo del suo silenzio e in quest'atteggiamento quasi fetale, S... ora evoca in noi immagini di spirali azzurre che sembrano volerci risucchiare.

«Mi stanno chiamando — sussurra... — Stanno pensando a me tutti e due, dal più profondo del cuore... È come se mi stessero chiamando.

Sono le loro anime unite a generare queste spirali che

penetrano il mio spazio mentale: vedete, vedete come mi avvolgono e mi invitano a seguirle! È così che i genitori suggeriscono una porta, tracciano una via per l'essere che attendono. Quando comunicano in un unico slancio, quando nutrono la stessa speranza, tendono all'anima che è di ritorno mille braccia di luce.

Non vi sto dicendo vane parole, ma vi parlo di una forza ben concreta nel mondo in cui tutti e tre ci troviamo.

Questo momento mi ricorda quando i miei genitori mi hanno concepita fisicamente: c'erano ancora molte che allora non sapevo e delle quali vi ho parlato, ma mi ricordo di aver visto venire a me, fulgido come un lampo, un raggio di luce immacolato così solido, palpabile e vasto che ho avuto voglia di infilarmici, come se fosse stata la più bella scalinata del mondo.»

«E questo, avviene ogni volta che un bambino è desiderato, o perlomeno concepito davvero nell'amore?»

«Sì, sì... Non è tanto il fatto di esser desiderato, il bello della strada che si apre davanti a lui, quanto la purezza dell'amore: ecco la chiave vera, quella che funziona con ogni serratura!»

Mentre le spirali di luce azzurra si intensificano, a nostra volta sentiamo il bisogno di rimanere in silenzio; nel frattempo, il corpo della nostra amica pian piano si è di nuovo rannicchiato, e sembra sonnecchiare. Ma sappiamo che non è così, che la coscienza che lo anima, al contrario, è sempre ben sveglia.

Poi, d'un tratto, mentre il tempo si immobilizza, l'immagine fuggevole di una spiaggia di sabbia fine si fa largo nella nostra mente: sentiamo, contemporaneamente, che il corpicino di fronte a noi ha un sussulto...

Giusto il tempo di un sospiro... ed eccolo a due passi dai nostri corpi luminosi, con gli occhi più spalancati ancora. La sua strana limpidezza traccia un solco fino al nostro cuore... Esita fra il pianto e il riso.

«Devo dirvi...»

I nove scalini

Le labbra di S... non si muovono. Le parole risuonano in noi, ci abitano e ci consegnano la loro sostanza.

«Devo dirvi... devo parlarvi di nuovo di una spiaggia, e tutto sarà chiaro dentro di me; non posso riprendere un corpo di carne ed ossa senza aver condiviso con qualcuno questo ricordo... È un vecchio, vecchissimo bagaglio che devo svuotare.

Sapete, è da poco che ho ritrovato questo vecchio baule dei ricordi; l'avevo nascosto proprio bene, non in soffitta ma nella parte più buia della cantina, là dove a nessuno piace andare perché ci si trova faccia a faccia con le proprie angosce.

È un passo che ho fatto subito dopo il nostro ultimo incontro: il gesto di mio padre che toglieva una foto dal muro ha scatenato ogni cosa... la sua reazione è stata la molla che inconsciamente aspettavo. Vedendo con quale forza quel gesto persisteva in me, ho avuto la brusca sensazione di trovarmi in piedi su una botola... allora mi sono chinata, l'ho alzata e mi sono infilata nel suolo, nel mio stesso suolo. Ho visto che era questione di umiltà.

Nel profondo di me stessa, lontano, nella memoria... c'era una spiaggia e onde tiepide che venivano a lambirne la sabbia; ho sentito il sole scaldarmi la pelle, ho riconosciuto il gusto del sale sulle labbra. C'era anche un venticello che mi alitava sui capelli. Con il mio abito nero, avevo male agli occhi e mi facevo gioco di un uomo vestito di una tunica corta, scarlatta, che stava davanti a me con aria triste e affaticata e le braccia a penzoloni.

Non so perché mi burlassi di lui, ma ho continuato a lungo così. Allora, ad un certo punto, ho visto che il suo sguardo esplodeva: si è buttato su di me e siamo caduti entrambi nell'acqua... le onde mi hanno ricoperta, ho gustato la loro schiuma. Poi, è stato terribile: l'uomo ha cercato di abusare di me e ho resistito finché ho potuto, schiaffeggiata dall'acqua melmosa, quasi mangiando la sabbia. Poi sono riuscita a scappare, ebbra di libertà... e mentre correvo mi sono voltata. Sulla spiaggia c'era quell'uomo che piangeva, con la fronte a terra...

Oggi, quell'uomo, vedete, è mio padre. È papà.

Papà è dunque l'uomo il cui amore, un giorno, in altri tempi, era stato per me oggetto di delusione.

Nel momento stesso in cui ho rivissuto tutto questo, ho pensato che non avrei avuto il coraggio di tornare: tutto sembrava così spaventosamente inscritto nelle mie cellule! E poi, d'un tratto, quando le immagini si sono interrotte e mi sono vista ricondotta alla mia coscienza presente, l'angoscia se n'è andata con la prontezza di uno stormo di uccelli che si disperde nel cielo. Avevo infine posato il mio bagaglio, stupido miscuglio di sensi di colpa e di rancore. Da allora potete immaginarvi quale gioia ho provato: mi ha sommersa, e avevo solo più una parola nel cuore: perdono...

Perdono per me stessa, perdono per quest'uomo che, da quel momento in poi, è diventato ancora più pienamente mio padre.»

«Pensi che la coscienza di quell'evento ti sia stata data per memorizzare bene tutte queste cose nella tua prossima vita?»

S... sorride tranquilla, poi alza gli occhi verso di noi cercando di abbracciarci.

«No, certamente... ed è meglio così. Abbandonare questo fardello, è stato un po' come farmi un regalo da sola, come ultimo atto del non-attaccamento. A meno che non sia stato... Dio, a farmi questo dono!

Fra qualche settimana, quando il mio corpo avrà toccato la Terra più densa, su questo ricordo si stenderà un velo, mentre disimparerò chi sono e da dove vengo. Non bisogna sfalsare il gioco... sarò soltanto una bambina libera di ammirare suo padre... ancor più libera perché questo nodo sarà stato sciolto.

Sapete, a mano a mano che passano i secondi misuro la mia felicità per aver potuto respirare fino a questo punto il profumo del perdono: è come se un qualcosa di duro in me se ne fosse andato, e vorrei che questo esempio servisse per mostrare che, quale che sia il nostro stadio evolutivo, possiamo sempre trovarci davanti a porte da aprire.»

«Sai se questo tipo di reminiscenza è frequente durante il periodo fetale? Oppure sei un'eccezione?»

«Secondo quanto ho potuto capire, non è cosa molto frequente, sebbene io non sia un'eccezione. Va visto semplicemente come un "incidente di percorso" che può accadere a qualsiasi momento dell'esistenza o non accadere affatto.

L'unico punto interrogativo che mi rimane riguarda mio padre, perché temo non sia facile per lui sapere come comportarsi con me; mi hanno detto, e l'ho sentito fin dal primo giorno, che sarebbe oscillato probabilmente tra la fermezza ed il lassismo; adesso ho capito il perché, e per questo lo amo ancora di più.»

«Ma tu, saprai mantenere in te questo sentimento di perdono e di amore, in mezzo alla confusione che la vita terrena si diverte a nutrire?»

«Non è la vita che fa confusione, ma noi tutti con i nostri rancori, i nostri egoismi e i pensieri sottaciuti. Ho fiducia nel modo in cui guarderò mio padre perché ho disinnescato alla fonte la violenza che avrei ancora potuto manifestare nei suoi confronti.

Per questo, poco tempo fa, ho potuto entrare in assoluta libertà in uno dei suoi sogni, e abbiamo parlato a lungo... non di queste cose, ma della direzione della mia vita. Al risveglio non si ricordava di nulla, tranne scene confuse in cui lui era incinto! Si è messo a ridere, ma ho capito che era felice...»

L'abbraccio della nostra amica si è sciolto e le sue palpebre quasi pesanti progressivamente hanno ricoperto l'azzurro degli occhi. Davanti a noi rimane una bambina piccolissima che cerca di rannicchiarsi su se stessa; e non può fare altro, in seguito, che cancellare la propria presenza.

Nel suo spazio mentale in mutamento ci sentiamo allora

un po' come estranei, visitatori e pellegrini perpetuamente stupiti lungo una strada che si traccia di secondo in secondo.

Insensibilmente, la percezione di trovarci in un bozzolo di luce è scomparsa, e intorno a noi è tutto uno spuntare di erba alta e di alberi... è il crepuscolo, e sotto il corpo della nostra coscienza c'è una coppia distesa per terra, non lontano da una macchina massiccia mal posteggiata sul bordo della strada. L'uomo e la donna discutono sottovoce. Sono i genitori della nostra amica; tutto sembra quieto, in questa serata di primavera in cui il cielo è solcato da stormi di uccelli silenziosi.

Tutto è quieto, ma uno strano e sottile balletto cattura lo sguardo delle nostre due anime, avide di conoscenza. La figura azzurrina di un neonato accoccolato nell'erba cerca di penetrare nell'aura rosa della coppia.

Alcuni secondi di emozione, e riconosciamo la forma astrale di S... Con le sue piccole dita, così sottili da sembrare raggi di luce, si ingegna e si diverte ad acchiappare le lingue di luce multicolori che emergono armoniosamente dai suoi genitori... Ci sembra di vedere il movimento magico e misterioso di un arpista che cerca di intrufolarsi fra le corde ed i suoni del suo strumento...

Ancora un po' di pazienza, ed ecco, è fatta: come il vento che soffia nella chioma dell'albero, la piccola si è finalmente unita alla radianza dei suoi genitori; vi si sposta ora secondo un itinerario che lei sola conosce, simile ad una sonnambula.

I nostri occhi cercano di vedere meglio, e finiscono con lo scorgere lievi correnti color madreperla lungo le quali la bambina scivola ed ondeggia.

Qualcosa ci dice che sta cercando una porta, una via di accesso ad un amore ancora più grande, ad un conforto ancora più grande.

Forse presentendo la sua richiesta, la giovane donna che da tanti mesi è ormai sua madre, istintivamente si alza e appoggia la mano aperta sul ventre. In quel preciso istante, in uno stiramento profondo, un fascio luminoso volteggia e si dispiega all'altezza delle sue reni, simile ad un cono di materia viva che affonda nel suo corpo. È il turbine di un plesso che aspira la Vita e la chiama a sé, è un mormorio di quiete.

Nel silenzio della sua anima, S... l'ha sentito e l'ha fatto suo. Allora, lentamente, con una grazia ed una dolcezza stupefacenti, questo esserino quasi traslucido comincia a fondersi in esso... e scompare.

CAPITOLO 9

Giugno

Solo un attimo fa eravamo ancora nei nostri, corpi fisici... L'emergenza si è fatta sentire tutta in un sol colpo, senza un grido, senza un nome proveniente da lontano, senza neppure un desiderio... ma una sorta di certezza interiore, senza possibilità di errore. È sicuramente venuto il momento.

Non offriamo nessuna resistenza quando si tratta di accettare il filo che conduce il corpo della coscienza oltre l'oceano... Ecco, è fatta: ci siamo, pronti a tutto, pronti a niente, al varco di qualcosa che assume l'aspetto di un vera e propria iniziazione.

Un edificio massiccio è apparso e poi subito è svanito, assorbendoci in sé; qui, nel luogo che ci ha attratti, c'è un clicchettio di strumenti metallici ed un rumore di porte a soffietto che si aprono e si richiudono in continuazione; tutto è bianco, blu e color malva.

Sotto di noi, sfilano a velocità vertiginosa vasti corridoi e salette ingombre di carrelli o apparecchiature.

In noi c'è spazio per un solo interrogativo: dov'è? dov'è S...?

Ci sono uomini e donne che camminano in ogni direzione, certi in camice bianco o color verde pallido, altri in abito da città, con un'espressione sorridente, interrogativa o assente.

D'un tratto veniamo risucchiati da una sala più grande delle altre, un po' spoglia, forse un po' fredda; intorno ad un tavolo su cui si staglia un corpo di donna che riconosciamo subito come la madre della nostra amica, tre persone prodigano consigli a turno, con molta dolcezza: li udiamo appena. La nostra anima, o per meglio dire l'orecchio del cuore, è interamente volto verso la giovane donna che cerca di controllare il respiro. Possiamo offrirle un po' di energia, un po' di pace?

Non abbiamo modo di chiedercelo più a lungo perché uno sguardo pallidissimo, molto profondo, si sovrappone al suo che sembra frugare fra le luci del soffitto. S... è qui, e tutto si sfoca intorno alle sue pupille che ci sondano come se possedessimo la chiave di un enigma. Il suo volto intero viene ora ad occupare il nostro campo visivo. Il suo volto...

È ormai lontano il viso della bambina che si confidava con noi solo due settimane fa; ora ha i tratti di un neonato, come un bocciolo pronto ad aprirsi fuori dal tempo, fuori da tutto, senza una ruga, senza alcun segno distintivo che ne indichi il sesso.

Con quegli occhioni chiari che sembrano punti interrogativi, S... ci rivolge un sorriso: ora sappiamo che sarà nostra complice fino in fondo.

«Ah!», esclama soltanto, in una sorta di espirazione che le rischiara il volto di una luce diversa.

A nostra volta, abbiamo voglia di risponderle con altrettanta semplicità:

«Era ora, non è vero? Hai pensato che non ti avremmo sentita!»

S... sospira di nuovo, come per liberarsi di una tensione che però non trapela dallo sguardo; poi, dopo un lungo silenzio, un fiotto di parole sgorga finalmente dal suo cuore, slanciandosi nel nostro.

«Eccovi... non riuscivo più a chiamarvi. Sono ventiquattr'ore che non riesco più ad uscire dalla radianza del corpo della mamma; ora sono come ancorata alle correnti di luce che sgorgano dal suo ventre, e tutta la mia energia sembra ingoiata da lei. Vengo risucchiata in un turbine, nell'occhio di un ciclone...

Aiutatemi, perché accade proprio quello che temevo, sto già dubitando di tutto. Ci sono momenti in cui mi sembra di perdere l'identità, i pensieri della mamma si mischiano ai miei, i suoi interrogativi diventano miei, e allora non so più chi sono; se lei è felice io piango di gioia, se ha freddo imparo di nuovo a tremare.» Istintivamente, intuitivamente, le nostre dita riescono ad afferrare una manina, una spalla, poi un'anca che si muove in modo quasi convulso.

«Non sono io che mi muovo — riprende S... con voce sempre più esitante. — È lei, è lui, il mio corpo. Tutte le mie cellule, tutti i miei organi sono intelligenti... loro *sanno*! Sanno il sapere degli Elementi! Tutti i minerali del Creato vivono e pensano già in essi!»

«S..., S... — non possiamo fare a meno di chiedere, sempre mantenendoci in stretto contatto con il suo corpicino — sono queste, le forze che mettono in moto il parto?»

«No... no... Queste sono le forze che generano le prime doglie, quelle che rimodellano il corpo della mamma e lo dilatano, quelle che mi fanno dare i colpi di reni; sono un motore contro il quale non posso far nulla. Ma quanto alla nascita, no... Sono io che nascerò, di mia volontà, nell'istante preciso in cui sentirò che una luce mi chiama, la luce di una stella...»

«Di un pianeta?»

«Forse. Probabilmente... ma non so quale sia. So soltanto che la riconoscerò. La sua musica mi è stata impressa profondamente nell'anima!»

«Ti è stata impressa?»

«Dai grandi esseri di luce... naturalmente! E dacché l'hanno fatto, esattamente ventun giorni di tempo terrestre or sono, non sono più affatto la stessa. La mia sensibilità muta... come dire? La carne della mia anima sembra vibrare secondo un'armonia diversa, come se il grande accordatore di un piano celeste avesse praticato su di me un'operazione chirurgica.»

D'un tratto, mentre la piccola S... finisce la frase, ci

sentiamo percorsi da un brivido la cui forza fa pensare ad una scossa elettrica. Anche la nostra amica deve averla sentita, perché le sue palpebre di neonato si sono chiuse e ha aggrottato la fronte.

Per un attimo resta così, più che mai rannicchiata e percorsa da sussulti sempre meno controllabili.

Dobbiamo parlare con lei, o invece ha bisogno di isolarsi in se stessa? Che stupido interrogativo, quando sappiamo benissimo che non le sfugge neppure uno dei nostri pensieri!

«Parlatemi, sì, parlatemi... ho bisogno che qualcuno parli con me. La mamma non lo fa, mentre a me piace così tanto quando mi rivolge la parola... pensa solo al dolore del parto!»

«Eppure dovresti capirlo, questo dolore...»

«Oh... naturalmente lo capisco, lo sento forte anch'io, ma se sapesse...!»

«Se sapesse cosa, S...?»

«Se sapesse quanto soffrirebbe di meno parlandomi, concentrandosi di più sulla mia presenza! La mia forza di luce è ancora a livello di ciò che chiamate la sua aura mentale, e siamo così vicine l'una all'altra che se si rivolgesse a me non sarebbe più l'artigiana delle tensioni che la fanno tanto penare. Improvvisamente, ci sarebbe fra di noi un ponte, un ponte che subito si trasformerebbe in una gomma per cancellare il dolore: quando uno ha paura, cerca di proteggersi, ed è allora che non riesce più a dare... ma il dono, vedete, è la fonte del rilassamento, della speranza, della luce!»

«Vuoi dire, S..., che la sofferenza di tua madre è di origine psichica?»

Molto lentamente, S... socchiude le palpebre e arriccia il naso in una sorta di comica smorfia che non riesce a trattenere; nella sua voce ci giunge allora più pace di prima, più silenzio nel cavo delle parole che la voce ci porta.

«No, forse mi sono espressa male. Il corpo ed i suoi componenti sono evidentemente fonte di dolore, ma è la psiche che funge, per giorni e a volte per mesi, da vero e proprio amplificatore. Una donna che partorisce o che sta per partorire è così spesso polarizzata su di sé e sul proprio corpo, da cristallizzare in sé la nozione di dolore: la riempie delle sue paure, dei suoi dubbi, e così riesce a renderla infinitamente più presente di quanto dovrebbe essere. Le hanno talmente ripetuto che deve soffrire!»

«In un certo senso, prima del parto, genera formepensiero di sofferenza.»

«Sì, è proprio quello che intendevo dire. I vari gradi di manifestazione della sua anima si autocondizionano e programmano l'idea, l'assoluta necessità del dolore, fin nel profondo della carne. Vedete, amici miei, così è anche per me: da quando condivido questi istanti con voi in parole e in amore, il mio timore è scomparso, e mi sento meno vulnerabile davanti a quello della mamma.

La nostra malattia comune è l'egoismo: soffochiamo tutti in un tenace riflesso di autoprotezione, invece di aprirci alla fiducia e alla Vita! Non appena compare una possibile difficoltà, ecco che ci rannicchiamo come tanti ricci, ci concentriamo sulla nostra persona di poco conto, senza capire che così facendo apriamo tutte le nostre porte allo squilibrio e alla tempesta; allora i nostri aculei da riccio si volgono verso la nostra stessa carne!»

Gli occhi di S... sono di nuovo come due perle chiare; non ci abbandonano mai, e neppure noi possiamo abbandonarli, tante sono le cose che esprimono, cose che le parole non saprebbero tradurre.

«E quel lungo brivido che abbiamo sentito un attimo fa?»

«È una corrente proveniente da un'angoscia improvvisa della mamma, null'altro. Però sono contenta che l'abbiate sentito, perché questo vi dimostra fino a che punto una madre e il suo piccolo sono simili a vasi comunicanti. Questo vi mostra anche come la pace che una futura madre cercherà di coltivare in sé, potrà, allo stesso modo, essere il seme della pace nell'essere che sta per accogliere.»

Dentro di noi o da qualche parte nell'infinito, non sappiamo bene, echeggia un grido, un lamento: istantaneamente sulla fronte di S... si disegnano le rughe e il suo corpo si contorce.

«È la Terra — la sentiamo mormorare dentro di noi — è la Terra, già così vicina. È la mamma... Mamma, perché non mi vuoi sentire? Non so ancora quando arriverà, quella musica che mi darà la forza di spingere l'uscio! E tu, la sentirai? Se mi parli, farò in modo che tu l'intuisca e così potrai aiutarmi!»

Un caldo e profondo silenzio cade allora su tutti e tre, come una nube di vapore nel centro della quale non abbiamo difficoltà a sentirci *Uno*. Da dove viene? Forse dalla nostra amica stessa? Forse da un'improvvisa e bella comunicazione con sua madre...

Sullo schermo dell'anima cominciano a sfilare scene indefinite, come onde dai colori di emozioni nuove. Poi, in un lampo di luce, sorgono volti, sorrisi e pianti: ci sono esplosioni e cieli che si aprono, folle che si accalcano e si smembrano, esseri che si baciano e ridono. Tutto si susseguead una velocità incredibile, come in un film proiettato da un operatore dalla volontà incontrollabile e dall'immaginazione sbrigliata.

Sono frammenti sfuggiti da una trama di un probabile futuro?

S... non risponde. Probabilmente continua a vivere nel mistero di una di quelle scene alle quali ci siamo sottratti.

Ancora una volta si fa sentire il clicchettio metallico; poi una voce dolce e ferma e, infine, una musica ovattata, un respiro ritmico sembrano risuonare in un grande spazio. Per un attimo, allora, ci sembra di cadere... ma già gli occhi dell'anima scoprono la sala parto.

La madre della nostra amica è da sola, ora, con una donna: il lettino su cui è sdraiata sembra connesso a un paio di apparecchiature leggere che lampeggiano.

Il contatto con S... per il momento si è dissolto, ma vogliamo restare qui, disponibili per ogni evenienza. Tuttavia, in fondo, qualcosa ci suggerisce di muoverei, di andare un po' più avanti, di andare al di là di un muro, un corridoio, una porta.

In un lampo, la nostra coscienza si è serenamente abbandonata a questa volontà e si è proiettata in una stanza arredata con stretti sedili di pelle nera: c'è un uomo che se ne sta in disparte, e tre altre persone che chiacchierano rumorosamente. Riconosciamo il padre di S... immerso in un'aura di quiete stupefacente: involontariamente, come portati da una corrente volteggiante, gli fluttuiamo intorno: è un essere svuotato di ogni pensiero, sulla soglia di una realtà nuova, disponibile ad ogni evento. Osservandolo così, proviamo un'improvvisa gioia che ci fa venir voglia di prenderlo per le spalle e parlargli, raccontargli tutto quello che abbiamo vissuto in questi nove mesi: come dirgli che anche noi proviamo una specie di sensazione di metamorfosi, quasi come se fossimo in parte responsabili di questa nascita che lui sta aspettando?

Da un po', non abbiamo più il controllo dei movimenti: in noi c'è una volontà che sa esattamente ciò che si deve fare e dove dobbiamo andare; ancora una volta, un alito ci sospinge e ci fa ripercorrere in senso contrario lo stesso percorso di prima: in un lampo di luce, ci rimanda da S...

Tutto è ormai così rapido, che la nostra percezione del tempo sembra fatta soltanto di bolle che esplodono una dopo l'altra.

Con le palpebre semichiuse, il corpicino della nostra amica sembra non aver percepito immediatamente il nostro ritorno; sentiamo benissimo che ora la sua vita è sempre meno qui, accanto a noi, e che sta scivolando sull'altro versante dell'universo.

Forse è ora di rendersi conto che siamo di troppo, che il nostro compito è finito, e che tutto deve compiersi senza aggiungere alcunché...

«No... ci sono ancora tante cose che vorrei dirvi... prima che ci separiamo. Vorrei raccontarvi come è strano quello che vivo, fino al mio ultimo alito di coscienza. Vorrei che sapeste che chi sta per uscire dal ventre di sua madre si immagina di sprofondare lentamente in fondo a un lago, o di invischiarsi in una gigantesca ragnatela: sappiate che bisogna parlargli, chiamarlo per nome... come mille altre tecniche, anche questa apre la porta e rende le sbarre più leggere...»

«E così forte, la sensazione di entrare in prigione?»

«Oh... personalmente la sentivo di più prima, ma so che, per molti di coloro che tornano coscientemente, questa sensazione domina a lungo.

Da quando la mamma ha sentito i primi segni del mio arrivo, a volte mi si chiude la gola davanti a quelli che io vivo come sintomi di una malattia: giorno per giorno la mia memoria si confonde... Ci sono già interi capitoli della mia esistenza nella luce che sono andati perduti giù, in fondo, dentro di me; ci sono volti e nomi che sono fuggiti all'altro capo della galassia. A volte dico a me stessa che è orribile, mi sento come uno dei vostri computer a cui vengano levati tutti i contatti progressivamente, con il passare delle ore; poi torna la speranza, quando sento battere il cuore della mamma, quando colgo al volo il suono della sua voce, oppure quando osservo furtivamente papà che ridipinge la porta della mia camera. Così tante cose per me... laddove ancora troppo spesso mi sembra che faccia così freddo!

Sapete, voglio imprimermi tutto dentro, e voglio che lo facciate anche voi, in modo da tracciare una strada ampia, ma non tutta diritta né piena di dogmi, ibrida figlia di una nuova psicologia e di una spiritualità sfocata. Dev'essere invece una grande rotta, assolutamente elastica, ad immagine dello spirito umano, libero dalle proprie circonvoluzioni, e così perfettamente ricca d'amore e di fiducia, così pienamente navigabile... Una strada dove ci si può parlare senza dire cose in cui non si crede, una strada lungo la quale si sa che non ci sono trentaseimila vite, ma una sola che attraversa tutti i paesaggi. Oggi abbiamo bisogno soprattutto di ponti, ed ecco perché voglio conservare tutta la mia forza; perché sono molti quelli che hanno paura di nascere. Forse vi farò ridere, ma in questo momento, mentre la mamma fatica malgrado tutte le tecnologie, c'è una cosa, una stupida realtà che mi indurisce l'anima più che mai: è la vista di un arsenale di biberon e di tettarelle, di morbidi pannolini e di pappe in attesa, è la certezza rivoltante che fra non molto avrò soltanto la libertà di azione di un tubo digerente. Davanti a tutto questo, a volte ho un moto di collera, ho voglia di dimenticare tutto, radicalmente, ancora più in fretta di quanto non stia accadendo.

Bisogna cadere così in basso, per risalire?

Faccio finta di farvi questa domanda, ma sapete benissimo che so già la risposta.

Allora, vi prego, vogliate riconoscere nel pianto di un neonato il riflesso di questo dualismo contro il quale così spesso cozza la sua anima: se sapeste che strano miscuglio di intorpidimento e di iper-lucidità tenete in braccio quando vi chiama! È questa lotta interiore, che prego il mio essere profondo di smussare il più possibile... Quando ci si è dissetati alla luce per tanto tempo, come persuadersi che ci vuole di nuovo uno stomaco per assimilare le pappe?

Quando tutto si confonde e ci si sente alla deriva, dovete capire che il calore delle luci che sorgono dal corpo dei genitori diventa il punto di riferimento esclusivo ed assoluto, l'ancora di salvezza.

Vedete... non sarò mai più Rebecca e non sono ancora davvero S... come a volte ho creduto di essere in questi ultimi tempi: poco fa, sperando nel vostro arrivo, dicevo a me stessa: "...e se facessi dietrofront, se mi rifiutassi di respirare!" Cercate nei vostri più segreti ricordi: non pensate anche voi di aver vissuto la stessa cosa, questa specie di ribellione, questa sorta di ricatto che si vorrebbe fare alla vita?

Ecco perché, in fondo al cuore, bisogna accarezzare l'anima di un neonato quando si appresta a 'varcare la soglia:

perché è come un vecchio che, al momento di andarsene, si aggrappa ancora ai resti della maschera che ha indossato per una vita.»

In quel momento preciso, S... sospende il flusso delle sue parole: il suo corpicino, di cui ci sforziamo di percepire i contorni, ora sembra accoccolarsi ancora di più, ma, nel silenzio che ora regna, ci giunge ancora a fatica qualche parola sussurrata.

«Non soffro più... iniettato chissà quale sostanza... sento un pizzicore...»

In, pochi secondi, ci rendiamo conto che il contatto con S... è sul punto di sfuggirei del tutto. E infatti, lentamente, una dopo l'altra, le sue mani sembrano dissolversi fra le nostre.

La voglia improvvisa di chiamarla o almeno di parlarle ancora, ci attraversa come un fulmine; ma no... la sensazione fortissima di trovarci in un santuario ci invade con tutta la sua potenza: non abbiamo bisogno d'altro che di silenzio, di silenzio vero, quella specie di presenza dorata in cui si giocano tutte le possibilità.

Il tempo scorre ed il rosario dei minuti si sgrana quieto. Intorno ai nostri due corpi che non riescono più a capire dove sono c'è solo una luce bianca, vertiginosa, straordinariamente perlacea; a volte ombre, figure impresse sembrano attraversarla per compiervi un rito segreto e poi, infine, svaniscono.

Di quando in quando il clicchettio degli strumenti che proviene dalla sala parto sale ancora fino a noi, con il suo corteo di brevissime. immagini, incredibilmente precise... poi tutto ritorna bianco, così bianco che non si può sopportare nient'altro.

D'un tratto, nel crogiuolo di questa pienezza, una sorta di grido stridulo ci trapassa, a meno che non sia il rimbombo vivo e profondo di un gong...

Impossibile dirlo! Si prolunga da solo dentro di noi, e genera come una lacerazione che dissipa il velo della luce.

Allora tutto si apre davanti a noi, e veniamo risucchiati dalla sala in cui ormai sappiamo che si sta compiendo il Mistero.

Ed ora, come descrivere ciò che avviene davanti agli occhi della nostra anima? C'è sempre lo stesso tavolo, sempre le stesse pareti un po' spoglie, la stessa giovane donna sdraiata e le stesse persone che si danno da fare intorno a lei con gesti misurati... ma c'è anche qualcos'altro! Dietro di loro, come muti guardiani, stanno due grandi presenze di Luce, fatte di dolcezza e di semplicità. In realtà non sembrano preoccuparsi di ciò che avviene sul tavolo: tengono il viso rivolto verso un altro punto della stanza, appena un po' più in alto, sopra la giovane donna, esattamente là dove i suoi occhi spalancati sembrano frugare nell'infinito, là dove il corpicino luminoso di S... è in attesa, aureolato di una luce azzurrina.

Completamente ripiegato su se stesso, con la fronte aggrottata, sembra dormire un sonno così profondo che ispira la massima pace; sotto di lui, ed emanante da lui, una scia fumosa di luce più forte e tutta palpitante fluttua ed oscilla in ogni direzione, come sospinta da ondate invisibili... la corda d'argento!

«S... — sentiamo la voglia irresistibile di esclamare — ci senti? Lasciati andare, si sta bene qui dove vieni, si sta bene nei cuori, ed è la sola cosa che conti.»

Il corpicino della coscienza della nostra amica non si è mosso, ma con un gesto lento e meravigliosamente preciso, i due grandi esseri di Luce hanno teso le braccia verso di lui: l'hanno accarezzato, come uno scultore che cerca di definire una forma, e ne hanno afferrato il nastro di luce viva: la piccola figura raggomitolata sussulta, ed eccola ora stirarsi, tentare di rigirarsi su se stessa. In un silenzio interiore ove ogni secondo è pienezza, i due esseri luminosi hanno cominciato un paziente e delicato massaggio di quella specie di cordone ombelicale che continua a fluttuare sotto il suo corpo. Lo distendono e, giocando con la sua fluidità, sembrano renderlo ancora più vivo. Infine, ad un tratto, ne afferrano appieno il capo sfilacciato come una scia di vapore e l'immergono in un punto preciso del ventre della giovane donna, proprio sotto l'ombelico. Poi le loro mani operano una sorta di danza nella quale ogni gesto è studiato... Tutto è così preciso!

Davanti a tanta delicatezza, tanta conoscenza e tanto amore, le nostre anime sono rimaste in disparte in un angolo della stanza, troppo felici del privilegio accordato loro per osare rompere il fascino di quell'istante in un modo qualsiasi.

Chi sono dunque questi esseri, queste presenze così belle che agiscono per ancorare l'anima al suo corpo, per il tempo di una vita, di un'esperienza? In questo momento magico, a dire il vero, poco importa: l'amore immenso che sprigionano, puro profumo dell'infinito, è più che sufficiente.

Poi, come portate dal vento e nate dalla nostra memoria, le parole di quella che un tempo era Rebecca ci attraversano da sole la mente:

«Forse li vedrete, forse... Nel momento della nascita ogni anima è fiancheggiata da due esseri di grande pace. Uno ha la forza del sole, l'altro la fluidità della luna... Non so da dove vengano, nessuno ha saputo dirmelo; io li chiamo angeli, anche se fa ridere, perché non si può comprendere tutto ciò che sono senza averli avvicinati almeno una volta. I miei amici mi hanno soltanto menzionato l'esistenza di un mondo in cui la luce è limpida come un diamante, un mondo che è la loro dimora e la loro fonte.

Il compito di questi esseri, vedete, è di ancorare la coscienza al corpo fisico nell'ora precisa della nascita. Sono i Saggi della Corda d'Argento. Forse li vedrete...!»

Nel silenzio bianco della sala parto, echeggia all'improvviso un grido acuto, seguito da un altro e poi da un altro ancora: allora, sopra al ventre della giovane donna sdraiata con i pugni contratti appare un indescrivibile crepitio di luci iridate che sembrano venire aspirate da un turbine lento. È la danza stupefacente di un milione di minuscole stelle, e questa danza fa pensare a un universo in formazione... favolosa sinfonia, impossibile da descrivere! Un'altra serie di gridi... ed ecco che tutto è compiuto, o meglio, che tutto comincia.

Fra le mani di un uomo con un lungo camice immacolato, il fragile corpo di S... è venuto alla luce, si dibatte e urla energicamente, con la pelle rugosa come una vecchia pergamena. Ed eccolo appoggiato al ventre di sua madre, fra parole e sorrisi che tessono il loro semplice istante di gioia.

È uguale a milioni di altri, a miliardi di altri, questo istante, ma è necessariamente unico e tutti vorrebbero fermarlo, farlo durare a lungo.

Silenziosi e solitari in un angolo della sala, cerchiamo invano le due presenze di luce; ci sembra proprio, questa volta, che il nostro compito sia giunto al termine: che altro potremmo aggiungere se non una pura ed anacronistica considerazione mentale? Ma in momenti come questi, il cuore soltanto ha diritto di cittadinanza.

Poi, come un battente sospinto all'improvviso dalla burrasca, il sussurro di una voce decisa viene di nuovo ad accarezzarci nel profondo:

«Aspettate... solo un momento...»

«S...? Ma sei sempre tu?»

«Fa così freddo... È tutto così glaciale! E questo rumore, tutto questo rumore che mi sommerge... Dove siete? Non vi sento più. C'è solo questa grande stanza, queste persone che si agitano e il ventre della mamma che sussulta. Oh... ho gli occhi chiusi, ma vedo tutto... e su un raggio così ampio, ora... Papà sta arrivando, lo so, apre la porta! Non lo facevo così grande! Oh, è tutto dieci volte più grande qui, mi sembra di essere disseminata in tutti gli angoli della stanza. Devo respirare, devo pensare ad ognuna delle mie inspirazioni, ma è così pesante! Mi sentite?

E questa mano... è la prima volta che la sento, che ne indovino il peso, la forma: mi dà il suo calore... Ed è di questo che ho bisogno! Ma lei, lo sa? La capisco, credo di comprendere tutto... purché non dimentichi!

Mi sento soffocare, ma qui c'è qualcosa di meraviglioso... non voglio perdere questo amore!
È bello ritornare, ridiscendere: ditelo! Ditelo forte!
Ma, sapete, io... io credo, so che in realtà nessuno scende mai: vedo una scala sulla quale si può solo salire... Allora saliamo sempre, sempre! Lo direte, vero? Non dimenticatevene!»

S... è nata il 17 giugno in una città degli Stati Uniti occidentali: è una brunetta vivacissima che già pone degli interrogativi ai suoi genitori...

Possa questo libro, secondo il suo desiderio, essere un inno alla Vita nonché un aiuto per coloro che la perpetuano in questo mondo.

QUESTO LIBRO TI HA TOCCATO?
Ti piacerebbe leggere qualcos'altro di questo autore, e scoprire se ha scritto articoli, rilasciato interviste e videolezioni? O sei in cerca di altri libri su questo argomento? Visita il nostro sito:

www.amrita-edizioni.com

dove potrai anche:
- recensire i libri che hai amato
- acquistare altri libri, eBook, CD e altri prodotti
- leggere un assaggio del libro che ti interessa
- iscriverti alla *newsletter* per essere informato sulle nuove uscite e sugli eventi in programma, promozioni, offerte e **sconti**!

VISITA ANCHE I NOSTRI SOCIAL MEDIA!

LE NOSTRE PAGINE FACEBOOK e TWITTER:
facebook.com/AmritaEdizioni
twitter.com/AmritaEdizioni
qui potrai seguire promozioni, novità, leggere notizie buone o utili, vedere videopresentazioni dei libri (booktrailer), attività e videolezioni dei nostri autori!

LA NOSTRA PAGINA YOUTUBE:
youtube.com/AmritaEdizioni
qui potrai vedere tutti i video che pubblica Amrita (centinaia già online!), videopresentazioni dei libri (booktrailer), videointerviste, videolezioni…

LA NOSTRA PAGINA INSTAGRAM:
instagram.com/AmritaEdizioni
qui le nostre locandine ti terranno aggiornato su promozioni, novità ed eventi.

In più, sui nostri social troverai molte altre iniziative che ti lasciamo il piacere di scoprire direttamente!

TI ASPETTIAMO!!!

Degli stessi Autori altri libri editi da AMRITA:

nella collana I LIBRI DI DANIEL MEUROIS & ANNE GIVAUDAN :
- L'ALTRO VOLTO DI GESÙ (Memorie di un Esseno - vol. I)
- LE STRADE DI UN TEMPO (Memorie di un Esseno - vol. II)
- VIAGGIO A SHAMBHALLA
- LE VESTI DI LUCE: leggere l'aura e curare per mezzo dell'amore
- TERRA DI SMERALDO: testimonianze dall'Oltrecorpo
- RACCONTI D'UN VIAGGIATORE ASTRALE
- L'INCONTRO CON LUI
- WESAK: il tempo della Riconciliazione
- CRONACA DI UNA DISINCARNAZIONE: come aiutare chi ci lascia
- IL POPOLO DEGLI ANIMA-LI
- ESSERE & AGIRE
- DALLA SOTTOMISSIONE ALLA LIBERTÀ (vol. I)

di ANNE GIVAUDAN, nella collana ANNE GIVAUDAN:
- OSPITI SGRADITI. E se smettessimo di averne paura?
- FUORI DAL CORPO. Guida pratica al viaggio astrale
- ALTRI AMORI.
- SUONI ESSENI. La guarigione attraverso la voce
- PICCOLO MANUALE PER UN GRANDE PASSAGGIO
- TRADIZIONI ESSENE PER UNA NUOVA TERRA
- INCONTRO CON GLI INVISIBILI CUSTODI DELLA NATURA
- VOLEVANO UN MASCHIETTO: dalla sottomissione alla libertà (vol. III)
- PRIGIONI O ALI: memorie da ritrovare, da liberare, da trasformare
- IL PATTO VIOLATO: vite interrotte
- … DOPO L'11 SETTEMBRE: dalla sottomissione alla libertà (vol. II): i documenti
- ANTICHE TERAPIE ESSENE E LETTURA DELL'AURA
- ALLEANZA
- WALK-IN: UOMINI CHE CAMBIANO CORPO
- FORME-PENSIERO: riconoscerle, scoprire la loro influenza sulla nostra vita
- FORME-PENSIERO II: trasformarle, guarirle

di DANIEL MEUROIS,
nella collana DANIEL MEUROIS:
- IL LIBRO SEGRETO DI GESÙ. Vol. 2 - Il tempo del Compimento
- IL LIBRO SEGRETO DI GESÙ. Vol. 1 - La via del Risveglio
- NUOVO ATLANTE DELLE TERAPIE ESSENE ED EGIZIE, in collaborazione con Marie-Johanne Croteau-Meurois
- ADVAITA: anatomia del Divino
- IL TESTAMENTO DELLE 3 MARIE: tre donne, tre iniziazioni ai tempi di Gesù
- MOLTE SONO LE DIMORE: alla scoperta di universi paralleli
- IL METODO DEL MAESTRO GESÙ
- FRANCESCO: L'UOMO CHE PARLAVA AGLI UCCELLI
- GLI ANNALI DELL'AKASHA: accedere alla memoria del pianeta
- I PRIMI INSEGNAMENTI DEL CRISTO
- L'UOMO CHE PIANTÒ IL CHIODO: dalla devastazione alla riconciliazione
- AKHENATON, IL FOLLE DI DIO
- MALATTIE KARMICHE: riconoscerle, comprenderle, superarle
- IL VANGELO DI MARIA MADDALENA, restituito dal Libro del Tempo
- L'ERA DELLA COLOMBA: gli insegnamenti per 2000 anni dopo
- CONVERSAZIONI CON LORO
- ANIME INDESIDERATE
- COSÌ CURAVANO: dagli Egizi agli Esseni, comprendere e praticare

nella collana I LIBRINCARTE:
- 108 SEMI DI SAGGEZZA DEL CRISTO

Riceverete gratuitamente il nostro catalogo ed
i successivi aggiornamenti richiedendolo a:
Edizioni AMRITA - Casella postale 1 - 10094 Giaveno (To)
telefono (011) 9363018 - fax (011) 9363114
e-mail: ciao@amrita-edizioni.com

Seguici su:
www.amrita-edizioni.com
facebook.com/AmritaEdizioni
twitter.com/AmritaEdizioni
youtube.com/AmritaEdizioni
instagram.com/AmritaEdizioni

1ª edizione maggio 1998
Composizione: Edizioni Amrita s.r.l.- Torino
Stampa: Grafica Veneta S.p.A. - Trebaseleghe (PD)

Ristampa n. 34   Anno 2019